ullstein

SABRINA FLEISCH ist psychologische Beraterin, Angst- und Stressbewältigungstrainerin und tätig in Linz. Neben zahlreichen Workshops und Seminaren in Schulen, Unternehmen und Vereinen hilft sie auch in Einzelgesprächen bei den Themen Stressmanagement, Burn-out-Prävention, Entspannung, Ängste überwinden, Selbstzweifel ablegen, Gewohnheiten ändern sowie glücklich und zufrieden leben. Sie leitet sehr erfolgreich die Lernwerkstatt Linz.

SABRINA FLEISCH

SELBST-VERTRAUEN *gewinnen* SELBST-ZWEIFEL *besiegen*

35 Übungen für mehr Selbstvertrauen

Ullstein

Besuchen Sie uns im Internet:
www.ullstein.de

Wir verpflichten uns zu Nachhaltigkeit

- Klimaneutrales Produkt
- Papiere aus nachhaltiger Waldwirtschaft und anderen kontrollierten Quellen
- ullstein.de/nachhaltigkeit

Wichtiger Hinweis
Die Ratschläge in diesem Buch sind von der Autorin und dem Verlag sorgfältig erwogen und geprüft. Sie bieten jedoch keinen Ersatz für kompetenten medizinischen Rat oder psychologische Hilfe. Jeder Leser ist für sein eigenes Handeln selbst verantwortlich. Alle Angaben in diesem Buch erfolgen daher ohne jegliche Gewährleistung oder Garantie seitens des Verlages. Eine Haftung der Autorin bzw. des Verlages und seiner Beauftragten für Personen-, Sach- und Vermögensschäden ist ausgeschlossen. Zum Schutz von Personen wurden Namen verändert und Handlungen, Ereignisse und Situationen abgewandelt.

MIX
Papier
FSC FSC® C083411

Originalausgabe im Ullstein Taschenbuch
1. Auflage Oktober 2022

Umschlaggestaltung: zero-media.net, München
Titelabbildung: © FinePic®, München
Gesetzt aus Macklin Text
Layout und Satz: Red Cape Production, Berlin
Druck und Bindearbeiten: CPI books GmbH, Leck
ISBN 978-3-548-06631-8

Inhalt

1. VORWORT 13

2. ANLEITUNG 17

3. SELBSTVERTRAUEN & SELBSTBEWUSSTSEIN 19
Was ist Selbstvertrauen? 19
Was ist Selbstbewusstsein? 20
Wie entsteht Selbstvertrauen? 25
Wie entstehen Selbstzweifel? 38
Urängste als Selbstbewusstseins-Killer 130
Soziophobie 134
Selbsttest: Leide ich unter Soziophobie? 147

4. ÜBUNGEN FÜR MEHR SELBSTVERTRAUEN 151

5. FANTASIEREISE: ÄNGSTE BESIEGEN 249
Der Endgegner (45 Minuten) 250

6. QUELLEN 263

Schön, dass dieses Buch dich gefunden hat.
Nun ist der richtige Moment für dich gekommen,
um an dir zu arbeiten und dein Leben
sowie deine Sicht auf dich selbst zu verändern.
Ich bin stolz auf dich.

Mache dich bereit für eine spannende und erkenntnisreiche Reise zu dir selbst und zu mehr Selbstbewusstsein.

Ich glaube an dich.
Also glaube auch du an dich.

In deinen Händen hältst du ein Arbeitsbuch.

Der Titel beschreibt zugleich deine Aufgabe:

Werde aktiv!

Mache! Tue! Handle und wachse!

Selbsterfahrung

Selbst die Erfahrung zu machen ist der wirkungsvollste Weg zu lernen und daher auch, sich weiterzuentwickeln.

Dieses Buch wird dir zahlreiche Aufgaben stellen, die es zu meistern gilt.

Mit jeder Übung und Fragestellung wirst du dich besser kennenlernen und verstehen.

Du wirst nicht nur einen besseren Zugang zu dir finden, sondern auch lernen, dich selbst anzunehmen und zu lieben.

Schritt für Schritt wirst du dich selbst erkennen - deine Stärken, deinen Wert, deine Talente, deine liebenswerten Seiten sowie die Persönlichkeitsmerkmale, die dich immer wieder mal aufhalten.

Du wirst die Kraft und Stärke in dir entdecken, die schon immer in dir verborgen war.

Mit jeder Aufgabe wächst du und wirst Stück für Stück selbstbewusster, zufriedener und glücklicher.

1.

Vorwort

Stell dir vor, du könntest gelassen und voller Selbstvertrauen auf fremde Menschen und neue Herausforderungen zugehen, ohne dich oder deine Fähigkeiten infrage zu stellen. Stell dir vor, nichts könnte dich aus der Ruhe bringen, du wärst stets zuversichtlich, selbstbewusst und vollkommen gelassen. Stell dir vor, wie du an dich glaubst und deine Ziele erreichst. Stell dir vor, dass dir kein Fehler, keine Kritik und kein Versagen mehr die Freude raubt. Stell dir vor, wie du dich von deinen Ängsten und Selbstzweifeln löst und selbstbestimmt dein Leben führst. Stell dir vor, dass die Meinung anderer nicht mehr deine Entscheidungen bestimmt. Stell dir vor, wie du stark und angstfrei Entscheidungen triffst. Wäre das nicht fantastisch?

Auch wenn du noch nicht das gewünschte Selbstvertrauen oder Selbstbewusstsein hast - du kannst es lernen.

Selbstvertrauen kann man lernen.

Wir alle haben unsere ganz persönlichen Lebensprüfungen, die es zu meistern gilt. Wir müssen lernen, uns selbst zu lieben. Wir müssen uns kennen und verstehen lernen. Wir müssen akzeptieren, was wir nicht verändern können, loslassen lernen und dazu übergehen, das Leben zu lieben.

Wir alle haben eine Vergangenheit - Erfahrungen, die uns geprägt und uns immer wieder einmal die Hoffnung genommen haben. Wir haben zahlreiche Fehler gemacht, des Öfteren verloren und sind gescheitert. Wir sind kritisiert worden, haben Menschen verloren und so manche Ängste als Schutz vor Leid und Schmerz entwickelt. Anderen gefallen zu wollen, nicht zu scheitern oder verletzt zu werden, das willst du – und das wollen auch alle anderen Erdbewohner. Wir vergleichen uns mit anderen Menschen und fühlen uns klein und minderwertig. Wir sehen die Fehler, Unzulänglichkeiten, die mögliche Abweisung und das mögliche Versagen. Zu oft sehen wir vor unserem inneren Auge, was in der Zukunft alles schieflaufen könnte. Du ziehst dich zurück, als Schutz vor allem Schlechten, was dir noch mehr Selbstvertrauen raubt und dir einmal mehr beweist, dass du nicht (gut) genug bist, nicht »richtig« und nicht in der Lage, deine Grenzen zu überwinden.

Liebenswert, besonders und einzigartig
machen uns die kleinen Fehler.

Auch wenn Menschen fehlerhaft sind, sind sie doch liebenswert und wertvoll. Fehler zu machen heißt nicht, ein Fehler zu sein. Perfektion ist weder ein erstrebenswerter noch realistischer Zustand. Auch wenn du Fehler machst, Ängste hast und das ein oder andere Mal versagst, bist du großartig und richtig. Du bist gut so, so wie du bist. Du darfst Fehler machen, du darfst scheitern, du darfst mutig sein und einen neuen Umgang mit dir selbst lernen. Unsere Vergangenheit, die schlechten Erfahrungen und die Angst einflößenden Zukunftsvorstellungen dürfen dir nicht die Freude am Leben rauben, dürfen dir nicht deine Chancen verbauen, dich von deinem Glück abhalten, Entscheidungen beeinflussen und dir schon gar nicht sagen, dass du nicht ausreichend bist.

Fehler zu machen heißt nicht,
ein Fehler zu sein.

Du bist ein großartiges Meisterwerk mit Ecken und Kanten, mit ein paar Dellen und Kratzern, den Spuren deines Lebens. Doch mindern diese in keiner Weise den Wert des Meisterwerks: dich selbst.

Leben bedeutet Wachstum.
Leben bedeutet Lernen.
Leben bedeutet aufzustehen, wenn wir hinfallen.

Warum möchtest du mehr Selbstvertrauen?

Was würde sich durch mehr Selbstbewusstsein verändern?

2.

Anleitung

Um nachhaltige Erfolge zu verzeichnen und das Maximum aus diesem Buch herauszuholen, empfehle ich dir, auf folgende Punkte zu achten:

- Beantworte jede Frage, und lasse keine Übung aus.
- Lasse dir Zeit, du musst nicht sofort Antworten parat haben. Der Weg ist das Ziel.
- Arbeite chronologisch an dem Buch.
- Es gibt kein Richtig und kein Falsch. Alles, was dir bei den Fragen in den Sinn kommt, hat in dem Moment seine Berechtigung.
- Versuche, stets in ganzen Sätzen zu antworten.
- Gib bei den Übungen Vollgas. Halbherzig, mit angezogener Handbremse, wird das Ergebnis auch dementsprechend sein.
- Schreibe dir wichtige Erkenntnisse, hilfreiche Fragen oder Aufgaben auf Notizzettel, und integriere sie in deinen Alltag.
- Bleibe hartnäckig und halte durch, auch wenn es mal schwer wird.
- Sei nicht zu streng mit dir: Gehe liebevoll mit dir um, wie mit einem Kind oder einer guten Freundin.

3.

Selbstvertrauen & Selbstbewusstsein

Da dieses Buch von Selbstbewusstsein spricht, sollten wir zuerst die Begriffe klären. Selbstvertrauen und Selbstbewusstsein werden oft gleichgesetzt und synonym verwendet, obwohl es hier Bedeutungsunterschiede gibt.

WAS IST SELBSTVERTRAUEN?

Selbstvertrauen ist das Vertrauen in die eigene Stärke und in die eigenen Fähigkeiten. Das Vertrauen, herausfordernde Situationen meistern zu können und zu wissen, die nötigen Fähigkeiten und Kenntnisse zur Bewältigung zu haben: Das ist Selbstvertrauen. Selbstvertrauen ist das Vertrauen in dich selbst. Du vertraust dir. Du kannst realistisch einschätzen, zu was du in der Lage bist und was du zu bewältigen vermagst.

Selbstvertrauen ist das Vertrauen
in die eigene Person.

WAS IST SELBSTBEWUSSTSEIN?

In dem Wort Selbstbewusstsein versteckt sich das Wort »Bewusstsein«. Selbstbewusst zu sein, bedeutet, sich seiner selbst bewusst zu sein. Wir kennen unsere Schwächen und Stärken - wenn uns jemand darauf anspricht, überrascht es uns nicht, da wir diese kennen. Du weißt, was du kannst und was nicht. Du bist nicht wütend oder traurig, wenn dich jemand auf deine Schwächen hinweist, weil dir diese bewusst sind. Du belügst dich nicht selbst, sondern bist ehrlich zu dir, akzeptierst dich so, wie du bist.

Aber uns nicht nur gut zu kennen, sondern auch mit erhobenem Kopf hinter den eigenen Fehlern und Schwächen zu stehen, das ist Selbstbewusstsein. Selbstbewusst zu sein heißt, unerschütterlich daran zu glauben, dass keine Aussage oder kein Hindernis uns aufhalten oder von unserem Weg abbringen kann. Du stellst dich nicht infrage, weil du dich kennst. Wenn dir jemand Negatives an den Kopf wirft, weißt du genau, ob dies berechtigt ist oder nicht. Du zweifelst nicht an deinem Selbstbild, weil du dir bewusst bist, wer und was du bist. Selbstbewusstsein bedeutet, dass dein Selbstwertgefühl und deine Liebe zu dir selbst nicht berührt sind, wenn etwas schiefläuft, dich jemand kritisiert oder du etwas nicht kannst.

Das Selbstbewusstsein zeugt
von den eigenen Fähigkeiten
und dem eigenen Wert.

Sind Selbstvertrauen und Selbstbewusstsein dasselbe? Das Vertrauen in sich und das Bewusstsein über sich sind nicht dasselbe. Vor allem lassen sich diese in anderen Zeitsphären finden.

Selbstbewusstsein

Das selbstbewusste Individuum ist auf das Hier und Jetzt fokussiert und kennt die eigenen Stärken, Schwächen und Grenzen - selbstbewusste Menschen sind sich deren »bewusst«.

»Ich kann gut kochen.«
»Ich kann gut Konflikte lösen.«
»Ich kann gut Gitarre spielen.«
»Ich kann gut Small Talk führen.«

Selbstvertrauen

Selbstvertrauen ist auf die Zukunft fokussiert und versetzt uns in die Lage, Grenzen zu überwinden. Wir glauben, unsere Fähigkeiten auch zukünftig weiterhin einsetzen zu können. Ohne Selbstbewusstsein ist es schwierig, zu Selbstvertrauen zu kommen. Durch Zuversicht und den Glauben an uns selbst zeigt sich das Selbstvertrauen.

»Ich werde etwas Gutes für meine Familie kochen.«
»Ich werde den nächsten Konflikt gut lösen.«
»Ich werde auch in Zukunft gut Gitarre spielen.«
»Ich werde beim nächsten Event gut Small Talk führen können.«

Ergänze folgende Sätze ...

Ich kann ...

Ich kann ...

Ich werde ...

Ich werde ...

Neben Selbstvertrauen und Selbstbewusstsein gibt es viele weitere Begrifflichkeiten, die hierbei eine Rolle spielen: u.a. Selbstliebe, Selbstakzeptanz, Selbstwahrnehmung, Selbstwertgefühl, Selbstsicherheit.

All diese Bezeichnungen haben eins gemeinsam: das »Selbst«. Der Fokus all dessen liegt nur auf einem: auf dir. Es ist dein Wissen über dich selbst und wie du zu dir stehst. Es geht darum, dich kennenzulernen, zu verstehen und anzunehmen. Die Kunst des Lebens ist es, mit Unzulänglichkeiten, Fehlern, dem Scheitern und Unerwarteten gut umgehen zu lernen. Das Ziel ist es, trotz der immer wieder gestellten Lebensprüfungen Freude am Leben zu haben.

Du wirst gewinnen. Nicht heute und vielleicht auch nicht morgen, aber du wirst gewinnen - solange du es weiter versuchst.

Jemand, der Gitarre spielen lernen möchte, kann sich dazu entscheiden, nie anzufangen und daher auch nie Fehler zu machen. Eine andere Person entscheidet sich, anzufangen, Fehler zu machen und unter Umständen auch zu scheitern. Damit entscheidet sich diese Person aber auch, zu wachsen und zu lernen. Wer wird schlussendlich besser sein? Derjenige, der nie angefangen hat, oder die Persönlichkeit, die sich entschieden hat, trotz der Möglichkeit des Scheiterns, sich neue Fähigkeiten anzueignen?

Nur wer nichts tut,
kann auch keine Fehler machen.

Hast du auch schon mal vorab aufgegeben, weil du Angst hattest, zu schlecht zu sein? Beweist du dir damit nicht selbst, obwohl du es nie versucht hast, dass du zu schlecht bist? Ist es sinnvoll, diesen Weg zu gehen?

____

____

Glaubst du daran, dass man alles lernen kann, wenn es einem wichtig genug ist? Gibt es Beispiele dafür?

____

____

Was wäre, wenn du nicht an dich geglaubt hättest in deinem Leben? Was hättest du alles nicht gemacht und deshalb verpasst?

Das Bekannte ist angenehm sicher, aber auch keine Zone, um zu wachsen. Die komfortable Wohlfühlzone zu verlassen bedeutet unweigerlich, auch mal anzuecken, hinzufallen und dabei zu lernen.

Die Erfolgsfaktoren sind und bleiben Ausdauer, Geduld und Zuversicht (positive Gedanken).

Welche dieser Erfolgsfaktoren hast du in dir?
Was hat dir bereits geholfen, stark und selbstbewusst zu sein?
Wie hast du den Mut und die Zuversicht in dir entdeckt? Was bringst du mit, was zum Erfolg beitragen wird?

WIE ENTSTEHT SELBSTVERTRAUEN?

Wenn wir Selbstvertrauen gewinnen wollen, dürfen wir den Worten des inneren Kritikers keinen Glauben schenken. Wir sind sehr streng mit uns selbst. Wir verurteilen uns selbst mehr als jede andere Person bei Missgeschicken. Wir gehen hart mit uns ins Gericht, bestrafen uns teilweise sogar und verbieten uns, Liebe und Freude zu empfangen, weil wir glauben, diese nun nicht zu verdienen.

Nicht die anderen vertrauen uns nicht, wir vertrauen uns nicht, unseren Fähigkeiten, unserer inneren Stimme. Nicht die anderen geben uns keine Liebe, keine Wertschätzung und Verständnis, WIR geben uns dies nicht. Das, was du in diesen Situationen empfindest, ist nicht das, was du glaubst, dass andere über dich denken. In Gedanken glaubst du, dass du von anderen verurteilt wirst, aber in Wirklichkeit bist nur du die Person, die über dich urteilt, dich klein macht, dich beschuldigt und dir nicht das Verständnis und die Wertschätzung zukommen lässt, die du dir wünscht. Somit musst du nur dich selbst von dir überzeugen, nicht die anderen. Du selbst musst lernen, dir zu vertrauen, dir die Liebe geben, die du glaubst, von anderen zu brauchen.

*Nicht die anderen urteilen
über dich - DU urteilst.*

Wenn ein wichtiger Mensch in unserem Leben am Boden ist, traurig, enttäuscht oder auch wütend ist, würden wir mit Verständnis und Liebe auf diese Person zugehen. Wir würden diesem wundervollen Wesen nichts Schlechtes wünschen, sondern alles dafür tun, dass es der Person besser geht. Bei uns selbst sieht dies hingegen anders aus. Da kennen wir keine

Nachsicht, rücken die vermeintlichen Probleme und Schwächen immer wieder in den Fokus, erlauben uns nicht, loszulassen. Manche neigen dazu, all dies zu verdrängen, sich zu belügen und abzulenken. Doch auch hier werden die negativen Gedanken und Gefühle ihren Weg immer wieder zurückfinden, um gefühlt und gehört zu werden.

Zweifel sind normal, Fehler sind menschlich - wir sind Menschen, wir machen Fehler, wir sind nicht perfekt. Dennoch gibt es keinen Grund, warum wir uns schlecht fühlen und uns selbst das Leben unnötig schwer machen sollten.

Für ein Leben im Gleichgewicht
muss man das Gute
und das Schlechte annehmen.

Für ein Leben im Gleichgewicht benötigt es beides - Freude und Leid. Angst und Hoffnung. Tod und Geburt. Siege und das Scheitern. Zukunft und Vergangenheit. Sonne und Mond, Tag und Nacht, Ebbe und Flut, Yin und Yang. Glück und Pech. Geben und nehmen. Loslassen und empfangen.

Wichtig ist es, ehrlich zu sich zu sein, anzunehmen, was passiert ist, wer man ist, was man fühlt und auch will. Absolute Ehrlichkeit ist von Nöten. Denn dann kann dich nichts mehr aus der Fassung bringen. Es geht nicht darum, es anderen recht zu machen, zu verstehen, was andere Personen brauchen und ihnen das zu geben, was sie hören wollen. Es geht darum, die eigenen Gefühle wahrzunehmen, auf die innere Stimme zu hören und dieser zu vertrauen.

Was bringt es, wenn du es allen anderen recht machst und dich selbst dabei vergisst? Möchtest du dein Leben nicht so gestalten, wie es DIR Spaß macht? Möchtest du deine eigenen Bedürfnisse weiterhin verleugnen und ein Leben führen, welches alle anderen glücklich macht, aber dich nicht? Was wäre, wenn du nichts ändern würdest und sogar noch mehr dich selbst verleugnen und hinten anstellen würdest - wäre diese Zukunftsvorstellung erstrebenswert? Übertreibe - was würde es für dein Leben bedeuten, wenn du noch weniger Selbstvertrauen hättest?

Wer profitiert von deinem mangelnden Selbstvertrauen? Wer leidet darunter?

Wer profitiert davon?

Wer leidet darunter?

Der Leidtragende bist du. Die Gewinner sind alle anderen in deinem Umfeld. Es ist schön, dass du Menschen derartig wertschätzt und möchtest, dass es ihnen gut geht - aber um welchen Preis? Wie viel ist dir deine eigene Stimme, dein eigenes Glück wert, und wie viel Wert hat das Glück anderer für dich?

Hier findest du Geldsäcke, die deinen Wert symbolisieren. Wie viel zahlst du in dich ein? Wie viel gibst du anderen tagtäglich? Wie schwer sind diese Geldsäcke nun geworden nach den Jahren? Fülle die Geldsäcke mit dem Wert (Münzen, Scheinen, Wertgegenständen etc.), den du dir selbst gibst, und auch, wie du meinst, ihn anderen gegeben zu haben.

Wert gesamt in € __________ Wert gesamt in €__________

Um wie viel würdest du dein »Glück« anbieten? Was ist dein Preis?

Wie viel kostet es dich, andere Menschen glücklich zu machen?

Wie viel darf dir die Freude anderer wert sein?

Was möchtest du nun ändern?

Welches Symbol, Gegenstand oder Bild erscheint bei dir, wenn es darum geht, »in dich einzuzahlen, dir selbst den größten (Stellen-)Wert zu geben«?

Versuche, diese Assoziation in dein reales Leben zu holen, indem du dieses Symbol, diesen Gegenstand oder auch Bild mit dir trägst. Ob es ein Spielgeldschein ist, eine kleine Spardose, ein Ring, eine Perle, ein Glücksschwein oder was auch immer dir vor deinem inneren Auge erschienen ist. Nutze dieses symbolhafte Etwas, um dich immer an deinen persönlichen Wert zu erinnern und dir zu erlauben, dir auch diesen Stellenwert im Leben zu geben.

Wenn du dir selbst nichts wert bist -
warum sollen dich andere
wie etwas Wertvolles behandeln?

Wenn du Menschen in deinem Leben erlaubst, dich nicht wertschätzend - also wie einen wertvollen Schatz - zu behandeln, sagst du ihnen damit, dass du eben keinen Wert hast, nicht wertvoll genug bist, damit sie auf dich achten. Wenn du beginnst, dir selbst mehr Wert zuzuschreiben, werden es unweigerlich die Menschen in deinem Umfeld auch tun. Erst dadurch erkennen sie deinen Wert und auch, dass du nicht jedes Verhalten akzeptierst, für gut befindest, deine Grenzen klar ziehst und eine starke, selbstsichere Person bist. Wenn du dich wie ein wertloser Kartoffelsack fühlst, mit dem man alles aufführen kann und der sich auch nicht beklagt, wenn er Risse bekommt, dann darfst du dich nicht wundern, dass die Menschen nicht damit aufhören werden.

Wenn du dich aber wie ein edles Seidenkleid, eine wertvolle Piratenschatzkiste, ein edles Gemälde fühlen würdest und auch anderen dessen Kostbarkeit klarmachen könntest, würden alle Beteiligten darauf achten. Und allzu oft spiegelt der Preis nicht den realen Wert wieder - häufig ist es der subjektive Wert eines Objektes, ein Gefühl, ein Lifestyle, der gekauft wird, als die teuren Zutaten oder Bestandteile. Wenn Nespresso, Apple, Dolce & Gabbana und Ray-Ban sich den 3- oder 4-fachen Wert zuschreiben können - einfach, weil sie sich so positionieren wollen, ohne so großartig besser oder anders sein zu müssen, warum darfst du das nicht?

Der wahre Wert ist nicht immer der reale Wert.

Wertigkeit ist subjektiv und oft weit weg von der Realität.

Du lebst dein Leben. Du hast nur ein Leben. Du hast rund 90 Sommer vor dir, wie hast du die bisherigen Sommermonate genutzt? Wie möchtest du diese in Zukunft nutzen? Wie viele Sommerjahreszeiten hast du noch vor dir, die du positiv beeinflussen kannst und so gestalten, wie es DIR Freude bereitet? Wenn du dein Leben in Sommer umrechnest, merkst du, wie schnell doch die Zeit vergeht. Gestalte deine Sommer so, wie es dir guttut. Keiner weiß besser, was du brauchst oder was dir im Leben Freude bereitet. Frage dich selbst - und nicht die anderen -, was du machen möchtest. Gib dir die Antworten, die du schon immer in dir hattest, aber oft nicht zugelassen hast, da du die Antworten von anderen zu deinen eigenen machen wolltest.

Du wirst merken, wie befreiend es ist, ehrlich zu sein, alles auszusprechen, was in einem ist - jede Angst, jedes Bedürfnis, jeden Traum. Du weißt, was dir guttut. Du weißt, was du willst. Aber warum möchtest du es nicht zugeben? Sei ehrlich zu dir. Höre dir aufmerksam zu wie allen anderen Menschen in deinem Leben, für die du immer ein offenes Ohr hast.

Es entlastet, denn es nimmt dir buchstäblich die Last, die du mit dir durchs Leben schleppst. Mit jedem Ballast, den du abwirfst, indem du dich über ihn äußerst, ihn fühlst und zulässt, werden die Schritte leichter und der Weg klarer.

Selbstbewusst zu werden
heißt, absolut ehrlich mit sich zu sein.

Denn wichtiger ist, was wir von uns halten, nicht was andere von uns denken. Denn wir kennen uns besser. Warum solltest du darauf hören, was andere über dich sagen, wenn du doch der Experte für dein Leben, deine Gefühle, dein Verhalten und deine Entscheidungen bist? Schließlich nimmst du auch keinen Ratschlag von einem Elektriker an, wenn es um eine Knochenbruchbehandlung geht. Du fragst auch keinen Musiker, wenn es um deine Steuererklärung geht oder eine Heilmasseurin zur Herleitung der mathematischen Gleichungen für den physikalischen Widerstand. Du bist der Experte für dein Wohlbefinden und persönliches Glück. Somit ist deine Meinung am wichtigsten.

Wenn ich zum Beispiel auf die Meinung meiner Deutschlehrerin gehört hätte, die meine Arbeiten nie mit guten Noten bewertet und meinen Schreibstil kritisiert hatte, wäre ich nie auf die Idee gekommen, ein Buch zu schreiben. Ich mochte das Schreiben, und ich fand meine Aufsätze gut. Meinungen sind unterschiedlich, und die Meinung eines anderen sollte dir nicht wichtiger sein als deine eigene.

Wenn wir nun nicht mehr erschüttert werden können von Aussagen anderer Personen, wer wir sind und was wir können oder zu leisten vermögen, bekommen wir die Chance, den Glauben an uns wiederzuerlangen, sich als Experte für sich selbst zu sehen und diese Expertenmeinung anzunehmen.

Du bist der Experte
für dein Wohlbefinden.

Wichtig in diesem Prozess sind folgende Eigenschaften: Offenheit, Neugier, Akzeptanz und Wertschätzung. Beschuldigungen sind nicht hilfreich. Gehe offen und ehrlich mit dir um. Schätze jede ehrliche Antwort und akzeptiere, was kommt.

Auch die Fehler und Schwächen gehören dazu, diese unterscheiden dich genauso von anderen wie deine Stärken. Du bist du. Dein Leben hat dich geformt und zu diesem großartigen Menschen gemacht. Sei dankbar dafür.

Es ist keine Strafe zu leben, es ist ein Geschenk.

Bist du neugierig und offen, was dein Innerstes betrifft? Warum (nicht)?

____

____

____

Kannst du Umstände akzeptieren und dankbar sein, auch für die harten, lehrreichen Momente? Warum (nicht)?

____

____

____

Warum ist zu leben und am Leben zu sein ein Geschenk?

Welche großartigen Dinge möchtest du noch erleben?

Was macht dein Leben lebenswert?

Was bekommst/gewinnst du im Leben, wenn du Selbstbewusstsein und Selbstvertrauen erlangst?

____

____

____

Was musst du loslassen / Wovon musst du dich verabschieden, um Selbstvertrauen erlangen zu können?

____

____

____

Selbstvertrauen zu gewinnen heißt, die eigenen Werte zu kennen, die eigenen Bedürfnisse wahrzunehmen und der eigenen Stimme zu vertrauen.

Sei dankbar für dein Leben
und die Fähigkeit zu fühlen.
Es ist ein Geschenk.

Da viele Menschen von ihren Eltern nicht dazu angehalten wurden, sich selbst zu schätzen, zu lieben und zu loben, müssen wir das selbst tun. Jeder von uns muss sein eigener Cheerleader sein, die eigene liebevolle Mutter, die einem immer wieder gut zuspricht, der Vater, der einem stolz auf die Schulter klopft, das eigene feiernde Publikum beim Rockkonzert, sein eigener Fan.

Es ist menschlich, dass wir gemocht, akzeptiert und unsere Talente anerkannt sehen wollen, das sicherte den Menschen in der Steinzeit das Überleben. Wenn wir jedoch unseren Wert immer von anderen Menschen abhängig machen, dann führt dies unweigerlich zu einer Achterbahnfahrt der Gefühle, und wir sind nur ein Fähnchen im Wind, das immer wieder in eine andere Richtung geweht wird, ohne jeglichen Rückhalt oder Sicherheit.

Selbstvertrauen entsteht,
wenn wir glauben, etwas zu können,
und in unserem Glauben
bestätigt werden.

Auch wenn du es nicht kennst, dass man sich und andere loben darf, wenn etwas gut läuft, oder auch stolz sein darf auf die eigenen Siege, darfst du dies (kennen)lernen.

Deine Selbstgespräche, der Umgang mit dir, sollte liebevoll sein. Denn du verbringst und sprichst mit keinem anderen Menschen mehr auf dieser Welt als mit dir.

Du sprichst am meisten mit dir.
Mit niemand anderem verbringst du
mehr Zeit als mit dir.

Würdest du überhaupt mit jemandem befreundet sein wollen, der kritisch und verurteilend auf dich und dein Verhalten blickt? Die schlechte Nachricht: Mit dir musst du es bis ans Lebensende aushalten. Die gute Nachricht: Du kannst einen besseren Umgang mit dir erlernen und mit dir als gutem Freund durch die Welt gehen. Es ist an der Zeit, nicht mehr den eigenen Selbstwert und das eigene Selbstbewusstsein von anderen abhängig zu machen. Warte nicht auf das Lob anderer, auf deren Bestätigung - gib sie dir selbst, du hast es verdient!

Ich bin stolz auf mich, weil ...

Ich habe schon vieles geschafft und bin stark, weil ...

Ich bin großartig, weil ...

____

____

____

WIE ENTSTEHEN SELBSTZWEIFEL?

Selbstzweifel - wir alle haben sie. Es gibt Momente, in denen wir an uns zweifeln. Wir sind unsicher, ob wir eine Aufgabe bewältigen können. Bin ich stark genug? Gut genug? Weiß ich genug? Bin ich dafür geeignet? Werde ich die Erwartungen erfüllen können? Was passiert, wenn nicht?

Erbgut

Ein Teil unseres Charakters ist Veranlagung. So wie du deine Augenfarbe nicht ändern kannst, kannst du nicht beeinflussen, wie gefühlvoll, sensibel oder selbstbewusst du von Grund auf sein möchtest.

Der Charakter liegt
zu 40 % in den Genen.

Impulsivität, Neugierde, Rastlosigkeit, Risikobereitschaft, Gefühlsintensität und sogar Großzügigkeit sollen nachweislich vererbbar sein. Wie viel davon auf Erziehung und das unterbewusste Lernen durch Beobachten zurückzuführen ist, wird immer noch untersucht. Dennoch zeigten viele spannende Experimente und Studien eindeutig den Einfluss der Gene in den Persönlichkeitsmerkmalen.

Eine weitere, für dich wichtige Eigenschaft, die in Zusammenhang mit dem Erbgut steht: Selbstvertrauen. Es gibt Kinder, die zeigen schon in den ersten Lebensjahren viele Ängste (nicht in den Kindergarten gehen zu wollen, bei Familienmitgliedern zu schlafen, mit anderen Kindern zu reden oder zu spielen). Bei mir selbst war das auch so - es verging kaum ein Tag, an dem ich nicht bitterlich weinte, wenn ich von meinen Eltern getrennt war. Andere hingegen sind offener und zutraulicher bei fremden Menschen und in neuen Situationen. Manche Kinder sind sehr selbstkritisch und weinen viel, wenn sie Fehler machen, andere gehen damit sehr locker um. Es stört sie nicht, wenn der Legoturm nicht lange steht oder das Matchbox-Auto nicht den gewünschten Looping schafft. Es gibt Kinder, die weinen, wenn sie in den Dreck fallen und ihre Kleidung schmutzig wird, andere lieben es, sich so richtig im Schlamm zu wälzen und dabei die Kleidung zu ruinieren.

Menschen sind sehr individuell, was ihre Charaktereigenschaften und Vorlieben angeht. Niemand hat dieselben Erfahrungen im Leben gemacht. In Kombination mit einem einzigartigen Genmix formt sich daraus ein besonderes Wesen, das keine Technologie nachahmen kann. Menschen sind komplex und einzigartig.

Zahlreiche Menschen bzw. Körper zeigen Intoleranzen wie etwa eine Unverträglichkeit von Laktose, Gluten oder Histamin, andere wiederum können Mengen an Joghurt essen und Kakao trinken, ohne Bauchschmerzen zu bekommen. Das ist das Leben. Wir sind aus einem bunten Genmix unserer Eltern entstanden. Haben uns überall etwas mitgenommen und etwas Neues, Buntes daraus erschaffen. Manchmal erkennt man noch den Ursprung, wie zum Beispiel an der Augenfarbe oder der Körperform, und manchmal entsteht etwas Überraschendes, Frisches. So ähnlich wie beim Töpfern, wenn aus schlammfarbenem, matschigem Ton eine feste, schön bemalte Keramik wird. Niemand würde erkennen, was es vorher gewesen ist, wüsste man nicht über den Herstellungsprozess Bescheid.

Auf jeden Fall gibt es keine »Mischung« wie dich. Auch anhand von Geschwisterpärchen erkennt man gut, wie spannend das Ergebnis eines neuen Genmix ist. Äußerlich, aber auch vor allem charakterlich, sind die entstandenen Lebewesen einzigartig und unverwechselbar.

Wo und wer du in zehn Jahren bist,
magst du jetzt noch nicht erahnen.

Wie selbstbewusst du bist, bestimmt zum Teil dein Erbgut. Die geschätzten 40% sind ein hoher Anteil, den dir deine Eltern mit auf den Weg gegeben haben. Einerseits hast du einige Merkmale und Verhaltensweisen, die du schwer ändern oder ablegen kannst, doch andererseits hast du es selbst in der Hand, noch vieles zu steuern und zu verändern - wenn du dies möchtest.

Du bist also nicht machtlos deinen Genen ausgeliefert, sondern bist ein wertvolles Kunstwerk, das sich immer weiter mit zarten und bunten Pinselstrichen füllt. Die Umrisse sind schon erkennbar, jedoch gibt es noch weiße Stellen, die gestaltet werden wollen, und ein paar Stellen, die noch den letzten Schliff nötig haben. Das Ergebnis wirst am Ende du sein, einzigartig und atemberaubend - ganz du und dein persönliches Meisterwerk zugleich. Unbezahlbar, geheimnisvoll und voller Geschichten und Träume.

Du bist ein Kunstwerk.

Vier Temperamente

Die verschiedenen Persönlichkeitsstrukturen wurden bereits in der Antike erkannt und erforscht. Man unterscheidet vier Formen des Temperamentes: melancholisch, phlegmatisch, cholerisch und sanguinisch. Die Temperamentenlehre ist ein Persönlichkeitsmodell, das Menschen nach ihrer Grundwesensart kategorisiert. Das Temperament jedes Menschen ist ihm sozusagen mit in die Wiege gelegt worden.

Manche sind dazu prädestiniert, aufbrausend zu sein, über viel Energie und Leidenschaft zu verfügen und schneller aggressiv zu werden (Choleriker). Cholerische Menschen sind auch zielorientiert und ausdauernd. Diese Persönlichkeiten ziehen klar Grenzen, äußern diese auch konkret und direkt, verletzen dabei oft unbewusst andere Menschen, auch weil sie häufig einen Tunnelblick haben, wenn sie ihren Gefühlen freien Lauf lassen. Die nach außen getragene Energie und das Ziehen von Grenzen dienen dem eigenen Schutz und sind selten böswillig.

Andere fühlen sehr intensiv und haben nicht nur in der Gefühlswelt Tiefgang, sondern auch in Gesprächen (Melancholiker). Sie neigen dazu, sich schnell zurückzuziehen und sich persönlich angegriffen zu fühlen. Sie würden sich nicht selbstbewusst in den Mittelpunkt stellen. Viele Dichter, Autoren und Coaches lassen melancholische Wesenszüge erkennen. Die Sensibilität ist ein großer Vorteil, denn sie fühlen stark, was andere in bestimmten Momenten fühlen.

Phlegmatische Persönlichkeiten sind sehr sachlich, geduldig, zurückhaltend und scheuen Streit. Sie werden auch häufig als schwerfällig beschrieben. Sie sind ausgeglichen, teilen ihre Gedanken nicht leichtfertig mit jemandem. Auch neigen sie dazu, schnell zu zweifeln, denn sie kalkulieren genau das Risiko und bedenken jedes mögliche Problem und dessen Konsequenz.

Sanguiniker sind die (leider) gesellschaftlich am meisten akzeptierte Temperamentsform, denn diese sind lebensfroh, lustig und extrovertiert. Dennoch ist dieses Temperament auch oberflächlich, launisch und wenig beständig. Sie können relativ leicht »loslassen«, neigen aber dazu, sich abzulenken und sich nicht mit ihren Gefühlen und Problemen zu beschäftigen, die dann oft explosionsartig hervorbrechen und überwältigend sein können.

Persönlichkeitsmodelle können helfen, Charaktereigenschaften anzunehmen und sich selbst zu positionieren.

Diese vier Temperamente waren die Grundlage für viele weitere Modelle, die uns helfen sollen zu kategorisieren, zu verstehen und uns selbst anzunehmen. Unter anderem dienten die Temperamente für die Definition der weiterentwickelten 16 Persönlichkeiten (Realisten »NF«, Rationalisten »NT«, Wächter »SJ«, Kreative »SP) des berühmten Keirsey-Persönlichkeitstests. Astrologisch Interessierte haben vielleicht schon gehört, dass die Sternzeichen nicht nur einem Element (Feuer, Wasser, Erde, Luft), sondern auch einem Temperament zugeordnet werden können.

So sollen Wassermänner, Zwillinge und Waagen eher sanguinisch sein, da sie auch dem »leichten« Element Luft zugeordnet werden können. Den Feuerzeichen Widder, Löwe und Schütze sagt man in der Astrologie nach, cholerisch veranlagt zu sein und das Feuer buchstäblich im Charakter zu haben.

Die intensiv fühlenden, zurückhaltenden und erdverbundenen Melancholiker soll man in Stier, Jungfrau und Steinbock wiederfinden. Die sachlichen und kopflastigen Menschen sollen demnach Skorpione, Fische und Krebse sein, die somit den Phlegmatikern zugerechnet werden.

Weder besser noch schlechter - einfach anders.

Alle Charakterzüge haben ihre Vorzüge und Herausforderungen. Kein Temperament ist besser oder schlechter - es ist einfach anders. Wir denken, fühlen und handeln alle auf unterschiedliche Art und Weise.

Welches Temperament beschreibt dich am ehesten und warum?

____

____

____

Und doch hilft es einigen Menschen, eine Bestätigung über die eigene Persönlichkeit zu bekommen - ob dies durch Astrologie, Persönlichkeitstests oder -modelle geschieht, ist dabei gleichgültig. Aber es hilft, es anzunehmen, dazu zu stehen, wer und wie man ist. Alles, was einem dabei hilft, darf man annehmen. Wenn dir diese Annahmen nicht zusagen, darfst du diese auch ablehnen. Auch das darf sein, denn in diesem

Buch geht es darum, zu lernen, auf die eigene, innere Stimme zu hören und nicht auf die Aussagen anderer.

Menschen können sich ändern.

Den Grundton kann man nicht verändern. Jemand, der zurückhaltend ist und Situationen zuerst lieber beobachtet, wird kein wilder Partyhengst werden und umgekehrt. Jemand, der ständig an sich zweifelt, wird über Nacht nicht zum egoistischen Narzissten. Ein Mensch mit Tiefgang und Wunsch nach innigen Gesprächen wird niemals Freude an Small Talk und oberflächlichem Geplänkel empfinden. Mit Übung, Geduld und Ausdauer kannst du deinen Charakter formen und dich weiterentwickeln, du wirst aber dieselbe Person bleiben - und das ist auch gut so! Du solltest alle Teile von dir annehmen, die guten sowie die schlechten Eigenschaften, erst dieser besondere Mix macht dich aus sowie besonders (siehe auch Verleugnung).

Glaube nicht, dass du zum Egoisten wirst, nur weil du auf dich hörst und deine Bedürfnisse äußerst. Du wirst nicht zum unbeliebten Kollegen, nur weil du mal Nein sagst. Du wirst nicht gekündigt werden, nur weil ein Kundengespräch nicht erfolgreich war. Du wirst nicht tot umfallen, wenn du etwas vergisst oder nicht erledigt hast. All dein Tun war zu dem Zeitpunkt richtig für dich. Zweifle nicht an dir. Nimm es an. Lerne anzunehmen, zu akzeptieren und loszulassen. Alles, was du fühlst, ist real. Deine Wahrnehmung ist subjektiv. Zweifle nicht an dir oder der Richtigkeit deiner Gedanken. Höre zu, und dann darfst du entscheiden, ihnen zu folgen oder auch nicht. Sei aber keinesfalls böse zu dir. Achte auf einen liebevollen, respektvollen Umgangston. Zeige dir Verständnis. Zeige dir Akzeptanz, so wie du es jedem anderen entgegenbringen würdest.

Warst du als Kind schüchtern oder selbstbewusst? Wie hat sich das geäußert? Was hat dir bereits früher geholfen?

Wann warst du selbstbewusst? Warum? Was war anders?

Nenne fünf deiner Charaktereigenschaften, auf die du stolz bist!

Nenne vier Charaktereigenschaften, auf die du nicht stolz bist, aber selbstbewusst dazu stehen kannst! (Man kann nicht alles sein und nicht alles haben.)

____

____

____

Verleugnung

Zahlreiche Menschen lehnen sich selbst ab. Sie glauben, anders sein zu müssen, um geliebt zu werden. Liebenswert zu sein definieren sie über bestimmte Eigenschaften, die sie gern hätten, über die sie aber nicht verfügen. Es ist anstrengend, jemand zu sein, der man nicht ist. Sich selbst zu verleugnen, sich selbst nicht anzunehmen macht unglücklich.

Im Leben geht es vielmehr darum, sein wahres, authentisches Ich zu leben, um im Reinen mit sich zu sein, das wahrzunehmen, was man braucht und einem guttut. Das Leben den persönlichen Bedürfnissen entsprechend anzupassen. Offen zu sagen, was und wen man liebt, aber auch, was nicht. Das tun zu können, was Freude bereitet, und dies auch einzufordern. Sich selbst wichtig zu sein, sich genug zu lieben, um immer gut für sich zu sorgen.

Sich selbst zu lieben
heißt, für sich selbst zu sorgen.

Zu lieben bedeutet für mich, dem anderen immer nur das Beste zu wünschen. Man möchte, dass es der geliebten Person immer gut geht. Man möchte für die Person da sein, sie umarmen, aufmuntern und Zeit mit ihr verbringen. Sich selbst zu lieben heißt genau dasselbe. Du hörst dir zu, du möchtest nur das Allerbeste für dich, du verbringst gerne Zeit mit dir allein, ohne dich minderwertig zu fühlen. Du sorgst dich um dich und sprichst dir gut zu, wenn du es brauchst.

Ich möchte niemanden verletzen.

»Ich möchte nicht egoistisch sein«, »Das ist nicht okay, dass ich nicht auf die anderen achte«, »Ich möchte niemanden verletzen oder vor den Kopf stoßen«. Du musst nicht deine Werte verletzen, um zu wachsen und selbstbewusster zu werden. Keiner sagt, dass Selbstbewusstsein heißt, nicht mehr auf andere achtzugeben.

Die Person,
der du mit deinem Verhalten schadest,
bist du.

Die Person, die du mit deinem großzügigen, selbstlosen Verhalten verletzt, bist nur du. Wenn du keine Grenzen ziehst, immer hüpfst und springst für andere, dich nicht traust, zu sagen, wie es dir geht und was du brauchst, wirst du dich immer selbst verleugnen. Dein wahres Ich wird niemand kennenlernen, und auch du wirst dich nicht kennenlernen. Schnell wird dies zur Gewohnheit, und du verlernst, deine Gefühle und Bedürfnisse überhaupt wahrzunehmen. Irgendwann verstummt man ganz und hört völlig auf zu kämpfen. Das andere

Extrem ist, dass sich die nicht gesagten Gedanken, Gefühle und Wünsche aufstauen und explosionsartig hervorschießen. Alles möchte auf einmal gehört werden, braucht Aufmerksamkeit und will nun (endlich) da sein.

Handle so, wie du dich fühlst,
und du wirst in deiner Mitte sein.

»Du bist jetzt ganz anders«, werden vielleicht manche Menschen sagen. »Du hast dich so verändert«, haben Arbeitskollegen betont. Wenn du Grenzen ziehst, Nein sagst, deine Meinung ehrlich und direkt äußerst, wird es die Menschen in deinem Umfeld stören. Denn plötzlich haben sie kein leichtes Spiel mehr, du bist nicht immer ihrer Meinung. Natürlich führt dies zu Konflikten und Diskussionen, aber das ist gut so, denn es muss eine neue Ausrichtung stattfinden, ein neues System des Miteinander im privaten Bereich wie in der Arbeitswelt.

Es stört andere Menschen,
dass du Grenzen hast.

Wenn du entgegen deinen Gedanken und Gefühlen handelst, sagst du dir immer wieder, dass du nicht richtig bist, deine Gefühle unwichtig sind, deine Gedanken unbedeutend - du nicht wichtig genug. Denn du sagst deinem wahren Ich jedes Mal, dass du nicht gut genug bist, falschliegst, keinen Platz verdient hast. Mit jedem weiteren Verdrängen deiner Wünsche und Bedürfnisse sagst du dir, dass du diese nicht verdient hast.

Du wirst nicht zu einem schlechten Menschen, wenn du DU bist. Deine Meinung zu äußern ist der erste Schritt, um du selbst zu werden. Hör dir zu. Hör deinem Körper zu. Handle so, wie du dich fühlst, und nicht, wie du glaubst, handeln zu müssen.

Du lebst für dich. Nicht für andere.
Es ist dein Leben. Es ist dein Glück.
Dir muss es gut gehen.

Du wirst nicht zum egoistischen Narzissten, wenn du deine Meinung sagst und Wünsche äußerst.

Welche Teile von dir lehnst du ab? Warum?

____

____

Wie möchtest du von geliebten Menschen behandelt werden?

____

____

Wie behandelst du dich?

Wie zeigst du dir selbst Liebe?

Warum bist du wertvoll und liebenswert?

Warum bist du genug?

Erfahrungen & Modell-Lernen

Die Vergangenheit muss nicht deine Zukunft bestimmen. Nur weil du früher so warst, musst du nicht weiterhin so sein, denken oder handeln. Du allein triffst die Entscheidung, ob du so weitermachen möchtest oder ob du bereit bist, etwas zu ändern. Du bestimmst und gestaltest deine Zukunft. Dies ist Macht. Dies bedeutet Verantwortung und birgt auch eine großartige Chance.

Selbstzweifel entstehen
in der Kindheit.

Hier empfiehlt es sich, einen Blick auf die Eltern und Großeltern zu werfen, welches Temperament sie an den Tag legen, und zu hinterfragen, was man davon mitbekommen hat. Sind die Eltern eher zurückhaltend und schnell verunsichert? Gibt es Choleriker in der Familie? Werden bei Familienessen immer alle möglichen Probleme besprochen? Wurden negative Gefühle verdrängt und nie thematisiert? Durften Gefühle wie Traurigkeit, Wut, Scham oder Angst angesprochen werden, oder war dafür kein Platz? Wurde ständig Kritik geübt - an dir, deiner Kleidung, deinem Verhalten? Sehen deine Eltern das Glas immer halb leer statt halb voll? War es deiner Familie wichtig, nach außen hin ein gutes Bild abzugeben?

Der Großteil unseres Verhaltens wurde durch Beobachten und Nachahmen gelernt. Nicht nur die Sprache wird so erlernt und gefestigt, auch Verhaltensweisen, wie etwa den Fokus auf Fehler zu legen, die Reaktion auf Kritik, das Essverhalten, das Äußern von Gefühlen, Anpassung, Flexibilität, die Bedeutung von Sauberkeit etc.

Bis zur Pubertät glaubt ein Kind, dass die Eltern der Inbegriff von Wahrhaftigkeit sind. Alles, was sie sagen, ist wahr, gut und richtig. Wir zweifeln nicht daran, was die Kindergärtnerin, Mama, Papa oder Oma sagen. Wir folgten dem nicht immer, aber wir haben nie die »Richtigkeit« hinterfragt. Viel mehr haben wir als Kind auf unsere Gefühle gehört und spontan gemacht, was wir in der jeweiligen Situation für gut befunden haben. Mit der Zeit lernen wir unsere Bedürfnisse zu kontrollieren, sie auszuhalten, wahrzunehmen und dem entsprechenden Bedürfnis später nachzukommen.

Jedoch wird noch viel mehr kontrolliert bzw. wahrgenommen und verdrängt. Zum Beispiel der Spieltrieb. Herumspielen darf dann nicht mehr sein. Es wird möglicherweise vermittelt, dass »Lernen« keinen Spaß machen darf. Dass Lernen nur am Schreibtisch bei absoluter Stille funktioniert. Es wird vielleicht gelernt, dass Weinen falsch ist und ein Zeichen von Schwäche darstellt. Es könnte sein, dass Angst die Triebfeder aller Entscheidungen ist, und somit das Kind weder Eislaufen noch mit den Freunden Eis essen gehen darf, weil es gefährlich ist und etwas passieren könnte. Immer nur die Gefahr zu sehen und was alles schiefgehen könnte wird somit verinnerlicht. Vielleicht ist der Großteil der Familie geschieden, was zum Trugschluss führen kann: »Beziehungen funktionieren nicht.« Dies alles geschieht durch das reine Beobachten und Zusammenleben.

Kinder haben keine Angst,
abgelehnt zu werden
oder nicht gut genug zu sein.

Ist dir aufgefallen, dass Kinder keine Angst haben, Fehler zu machen? Alles, was sie machen oder auch erschaffen, zeigen sie gerne vor. Jedes gemalte Bild, jeden erbauten Turm, jedes gebastelte Werk. Ein Erwachsener wird in den meisten Fällen jedoch nur ungern seine Kunst präsentieren. Wenn ich eine Gruppe von Menschen in meinen Kursen bitte, den Sitznachbarn zu zeichnen, würden Kinder ihr Ergebnis stolz präsentieren und das Gegenüber es lustig finden und gerne annehmen. Ab der Pubertät zieren sich die Kursteilnehmer allerdings, die Zeichnung vorzuzeigen, da sie einerseits sicher nicht den Erwartungen entspricht und andererseits auch die andere Person verletzen könnte. Diese Prägung erfahren wir beim Aufwachsen, beim Sammeln von Erfahrungen, beim Zusehen, beim Vergleichen und Beobachten.

Angsthaben wird erlernt.

Angst wird zum Großteil erlernt - Angst, Fehler zu machen, Angst, abgelehnt zu werden, Angst, nicht gut genug zu sein. Angst wird erlernt, genau wie dein Selbstvertrauen.

Die Kindheit prägt. Während des Aufwachsens lernen wir, wird unser Charakter geformt, werden unsere Werte gestaltet.

Aber nicht nur die Kindheit kann ausschlaggebend sein für mangelndes Selbstvertrauen. Auch im hohen Alter können Ereignisse zu neuen Denkansätzen und Verhaltensweisen führen. So kann eine gescheiterte Ehe, die von Lug und Betrug gekennzeichnet war, einem Menschen das Selbstvertrauen rauben, vor allem, wenn die Fehler nur bei ihm gesucht werden. Auch ein Job, zu dem man sich Tag für Tag zwingen muss, wo man sich fehl am Platze fühlt und immer wieder gesagt bekommt, was man alles falsch macht, kann den Glauben an sich zerstören. Das Leben prägt. Das Leben hinterlässt Schrammen und Narben.

Jede Erfahrung trägt
zu deiner Gemütsverfassung bei.

Der innere Kritiker wächst, die Stimme wird immer lauter mit all den Sorgen, Zweifeln und Anschuldigungen. Ob es die Eltern sind, die uns immer wieder kleingemacht haben und mit Sätzen demütigten wie: »Du wirst es nie zu etwas bringen!«, »Du störst!«, »So wirst du nie einen Mann abbekommen!«, »Du lernst auch nie dazu!«, »Schon wieder hast du es falsch gemacht!«, »Sei ruhig, du hast nichts zu sagen!«, »Wenn du das machst, bist du nicht mein Kind!«, »Was werden nur die Leute denken!«, »Schäm dich!« etc. Dies sind nur einige Beispiele verletzender Bemerkungen von Eltern, die mehr oder weniger bewusst geäußert werden, aber eindeutig den Wert des Kindes mindern, es herabwürdigen. Natürlich lernt das Kind, lernst du, was akzeptiert ist, wann du akzeptiert bist und als liebenswert gesehen wirst.

Lasse die Worte anderer
nicht zu deinen werden.

Wir haben von anderen gelernt, wie wir zu uns selbst sprechen. Aussagen wie: »Das schaffst du eh nicht!«, »Du taugst zu nichts!«, »Von dir habe ich nichts anderes erwartet!«, »Du hast zwei linke Hände!«, »Du bist stinkfaul!«, »Für dich gibt es niemals einen Deckel!« oder »Mit dir kann man sich nur ärgern!« fressen sich tief in die Seele hinein und sind in den eigenen Gedanken und im Verhalten immer wieder präsent. Natürlich sinkt dadurch das Selbstvertrauen, das Selbstbewusstsein ist am Tiefpunkt.

Lege den Fokus nicht auf Fehler,
Versagen oder Probleme.

Im Gegensatz dazu werden die Dinge, die gut gemacht wurden, wenig beachtet. Wir haben nicht gelernt, gelobt zu werden, wenn etwas gut läuft. Wie sollen wir auch stolz auf uns sein, wenn wir nicht gelernt haben, dass andere stolz auf uns sind? Die Selbstzweifel steigen, das Selbstbewusstsein sinkt. Natürlich werden auch wir immer die möglichen Fehler sehen, das Versagen, die möglichen, schrecklichen Konsequenzen - so wie wir es gelernt haben.

Es ist menschlich, dass ein Kind von seinen Eltern geliebt werden möchte, auch wenn es dafür einiges in Kauf nehmen muss: sich anpassen muss, verleugnen muss, die eigenen Bedürfnisse verdrängen oder die innere Stimme verstummen lassen muss. Alles, was es braucht, um Liebe und Anerkennung zu bekommen. Ich selbst habe zum Beispiel gelernt, dass ich liebenswert bin, wenn ich gut aussehe. Nicht nur von Männern, sondern auch (unterbewusst) von der Familie. Ob es das Gewicht betraf, die fettigen Haare in der Pubertät oder das Überdecken von Makeln mit Make-up. Dies wurde mir vorgelebt oder auch mit kritischen Worten angesprochen. Wenn dies erkannt wird, kann man dies hinterfragen, überprüfen und wenn gewünscht auch wieder verändern.

Die Schuld liegt
nicht immer bei dir.

Die Schuld liegt nicht immer nur bei einer Person, es gibt zahlreiche Faktoren, die zu berücksichtigen sind. Auch der Verlust von Menschen, ob es Freunde sind, die sich verabschieden, oder Partner, lässt mögliche Gründe vorrangig bei sich selbst suchen. »Was habe ich falsch gemacht? Warum werde ich nicht geliebt? Was an mir ist nicht liebenswert? Was hat bei mir gefehlt? Was an mir ist abstoßend? Wie muss ich sein, damit der Mensch bei mir bleibt?« Wenn sich Menschen aus unserem Leben verabschieden, liegt es an der Person selbst, an ihren Problemen, an der eigenen Unzufriedenheit im Leben, die nun etwas an sich und ihrem Leben ändern möchte. Es bedeutet nicht, dass du falsch bist oder Fehler gemacht hast, nur dass es in diesem Moment nicht passt, es andere Prioritäten gibt, sich die Person selbst falsch oder unverstanden fühlt, unzureichend oder zu anders und ihr eigenes Weltbild sowie Selbstbild nicht verändern möchte - das wäre zu viel, zu schmerzhaft.

*Das Verhalten anderer hat nichts
mit deiner Liebenswürdigkeit zu tun.*

Dass man nicht allen Menschen gefallen kann, dass Menschen unterschiedliche Gründe haben, um sich neu zu orientieren, wird nicht berücksichtigt. Jeder Mensch hat Selbstzweifel, fühlt sich manchmal ungeliebt oder falsch. Und alleine das verbindet uns Menschen. Leider sind nicht alle stark genug, mutig genug, um dies zu äußern, zuzugeben und sich schwach zu zeigen. Oftmals ist es leichter, dies zu vermeiden und zur Seite zu schieben.

*Wenn du an deinen Selbstzweifeln
nicht arbeitest,
werden sie schlimmer.*

Ein Bekannter wird heute noch - sieben Jahre nach seiner Kündigung - von Albträumen in Zusammenhang mit seiner letzten Arbeitsstelle geplagt. Der Vertrauensmissbrauch, das Stehlen der eigenen Ideen, die Degradierung und der Statusverlust sind nach wie vor fühlbar und präsent. Frustration, Trauer und Scham sind Gefühle, die ihn nicht mehr loslassen. In diesen sieben Jahren war es ihm aufgrund der schlimmen Ereignisse, über die er bis heute kaum sprechen kann, nicht möglich zu arbeiten. Da er seit sieben Jahren depressiv zu Hause sitzt und nur den Worten des inneren Kritikers glaubt, schwindet das Selbstvertrauen immer mehr. Dazu kommt, dass er immer öfter aufgrund seines fortgeschrittenen Alters abgelehnt wird. Auf Vorstellungsgespräche bereitet er sich bis zu drei Tage lang vor und schläft in der Nacht zuvor auch nicht länger als zwei Stunden. Und er bewirbt sich nur auf Stellen, bei denen er allein arbeiten kann, weil er aufgrund seiner schlimmen Erfahrungen mit Kollegen nicht mehr mit Menschen arbeiten will und kann. Immer wieder abgelehnt, sucht er die Gründe bei seinem Werdegang, den fehlenden Ausbildungen, dem fehlenden Führerschein, und ihm wird immer mehr klar, wie unbedeutend und unqualifiziert er doch ist.

Zu einem Vorstellungsgespräch, auf das er sich schon gefreut hatte, weil die Arbeit eines Hausmeisters ihm gefallen hätte, ging er voller Optimismus. Äußerlich konnte er manchmal ganz gut Selbstbewusstsein ausstrahlen. Statt des erwarteten Herrn empfing ihn jedoch eine junge Dame, die ihm ankündigte: »Jetzt machen wir erst einmal einen Aufnahmetest. Zuerst ein Rechentest, dann ein Diktat, um Ihre Rechtschreibung zu überprüfen.« Doch das traute er sich nicht zu. Sollte er hier versagen, würden die Selbstzweifel noch größer werden. Er konnte es nicht.

Nach einigen Schrecksekunden lehnte er den Test ab, ging stattdessen auf die Toilette und heulte vor Enttäuschung. Seine Sorgen und Zweifel hatten sich wieder einmal bestätigt – er war nicht gut genug. Er konnte es nicht. Er hatte schon im Vorfeld aufgegeben, weil er nicht an sich glaubte. Die Angst zu versagen hatte für ihn die Entscheidung getroffen, er war nicht einmal mehr in der Lage, sich überhaupt eine Chance zu geben. Und wieder fühlte er sich noch kleiner, unbedeutender, dümmer und wertloser. Ein gebrochener Mann von 55 Jahren, ohne jegliche Aussicht auf Hoffnung.

Beweise dir nicht stetig selbst,
dass du es nicht schaffen wirst.

Wenn uns Erwachsene, Liebespartner, Arbeitskollegen oder Chefs ständig auf unsere Fehler hinweisen, machen wir das selbst auch. Wir lernen, worauf wir zu achten haben, wir lernen, was einen guten liebenswerten Menschen ausmacht. Wir lernen, wer wir zu sein haben, um dort einen Platz zu haben. Wenn wir glauben, anders sein zu müssen, als wir es sind, und das gegen unsere Natur ist, dann ist die Diskrepanz zwischen »Wer bin ich?« und »Wer soll ich sein?« zu groß. Wer wir sind und wer und wie wir sein wollen, ist nicht miteinander vereinbar, ist zum Scheitern verurteilt. Dieser Glaube, anders sein zu müssen, um in der Firma, in der Beziehung, in der Familie oder im Freundeskreis akzeptiert zu werden, ist falsch.

Wenn dich jemand liebt,
dann deshalb, weil du DU bist.

Wenn du einen Job suchst, muss dich nicht nur der Arbeitgeber wollen, auch du musst das Unternehmen wollen. Es ist deine Entscheidung, wo du deine Zeit und deine wertvolle Arbeitskraft einsetzt und welcher Firma du zu mehr Wachstum verhilfst. Auch du hast eine Meinung. Auch du hast eine Stimme und darfst deine Wünsche äußern. Für jegliches menschliche Miteinander braucht es zwei Parteien. Liebe ist nicht einseitig, Partnerschaft und Freundschaft sind es auch nicht. Du hast eine Wahl. Du hast einen Wert. Sei dir dessen bewusst.

Welche deiner Verhaltensweisen kennst du von Familienmitgliedern oder Freunden, die du unterbewusst übernommen hast oder vielleicht absolut konträr entwickelt hast?

Was davon möchtest du behalten, was möchtest du ändern?

Welche Aussagen haben deine Eltern oft getroffen?

Für was wurdest du in der Kindheit oft getadelt?

Wo finden sich diese Aussagen jetzt in deinem Leben?

Haben sie nach wie vor Gültigkeit? Warum (nicht)?

Welche schmerzhaften Erfahrungen hast du gemacht?

Welche sozialen Ängste haben sich durch negative Erfahrungen entwickelt?

Welche Glaubenssätze haben sich dadurch entwickelt? Welche Sätze schützen dich vor Wiederholung des Leids/weiteren Schmerzen?

Menschen sind ______________________________

Welche Erfahrungen hast du mit Menschen gemacht?

Welche Glaubenssätze haben sich dadurch entwickelt?

Freundschaft ist/heißt

Welche Erfahrungen hast du mit Freunden gemacht?

Welche Glaubenssätze haben sich dadurch entwickelt?

Arbeit ist

Welche Erfahrungen hast du in der Arbeit gemacht?

Welche Glaubenssätze haben sich dadurch entwickelt?

____

Was waren die prägendsten Ereignisse, die dich dazu veranlasst haben, an dir zu zweifeln?

Selbstvertrauen bedeutet für mich

In welchen Situationen hättest du gerne mehr Selbstbewusstsein?

Wie verhältst du dich? Was geht dir durch den Kopf?

Erinnere dich an die ersten bzw. prägenden Ereignisse mit diesen Szenarien. Was ist damals passiert, dass du nun nicht mehr an dich glaubst?

Haben diese Aussagen nach wie vor Gültigkeit? Warum (nicht)?

Wie möchtest du dich verhalten? Welche Gedanken könnten dir helfen?

____

____

____

____

____

Ich bin selbstbewusst, wenn _______________________

Was wirst du verlieren bzw. musst du loslassen, wenn du nicht mehr angepasst, stumm und zurückhaltend bist?

____

____

____

____

____

Was musst du in Kauf nehmen, wenn du selbstbewusst lebst?

Bist du bereit dazu? Warum (nicht)?

Nenne mindestens drei Gründe, warum du es schaffen kannst, selbstbewusster zu werden!

Übung: Der leere Stuhl (15 Minuten)

Zweifelndes Ich

Suche dir einen Stuhl in deiner Umgebung. Stelle diesen vor dich hin. Stelle dir nun vor, wie dein zweifelndes, sorgenreiches, sich minderwertig fühlendes Ich dort sitzt. Du kannst auch ein aktuelles Bild von dir dort platzieren oder dich vor den Spiegel stellen und mit dir in den Austausch treten. Wie verhältst du dich? Wie sitzt du da? Was spricht dein imaginäres Ich? Sprich fünf Minuten mit dieser Facette deiner Persönlichkeit. Höre zu. Betrachte dich. Fühle.

Was hast du erzählt bekommen?

Kind-Ich

Nun setze dein Kind-Ich auf den Stuhl. Zart, unschuldig, ehrlich, verspielt und hoffnungsvoll sitzt du vor dir. Du bist etwa zwischen dem Kindergarten- und Volksschulalter. Die Beine baumeln fröhlich hin und her. Auch hier kannst du ein Bild von der jüngeren Version von dir selbst platzieren oder auch ein Stofftier, einen Gegenstand oder ein Symbol, welches dir passend erscheint. Welche Ängste hat dein junges Ich? Wie sieht es das Leben? Was tut dem Kind weh? Hast du Selbstbewusstsein?

Was hast du erzählt bekommen?

Was hätte das Kind in dir gebraucht? Umarmungen, aufmunternde Worte, ein warmes Getränk? Gib deinem Kindes-Ich, was es braucht und ihm Sicherheit und Geborgenheit vermittelt.

Wie haben sich deine Sorgen und Ängste verändert?

Selbstbewusstes Ich

Nun setze die selbstbewusste Version von dir auf den Stuhl. Wie sitzt diese da? Was sagt sie? Was denkt diese Seite von dir über das Leben? Sprich mit dir! Unterhalte dich, sei aufmerksam und achtsam.

Was hast du über dich herausgefunden?

Gib deiner wenig selbstbewussten, zweifelnden Persönlichkeitsfacette einen Spitznamen! Finde auch für deine starke Seite einen passenden Namen! z. B. Sabrina (aktuell, zweifelnd), Sabsi (Kind), Sabs (Wunsch, Zukunft, stark, selbstbewusst).

Was sind die häufigsten Sätze von ____________________
(geschwächtes, zweifelndes Ich)?

____

____

____

____

____

____

Was sind die häufigsten Sätze von ____________________
(Name), deinem hoffnungsvollen, mutigen Ich?

____

____

____

____

____

____

Was unterscheidet ______________________________
(setze den Namen ein), dein starkes Ich,

grundlegend von ______________________________
(Name), dem ängstlichen, zweifelnden Ich?
Nenne mindestens fünf Unterschiede!

____

____

____

____

____

Welche Aspekte des »zweifelnden« Ichs und der selbstbewussten Version von dir möchtest du zu einer neuen Persönlichkeitsstruktur vereinen?

____

____

____

____

Wie würden andere Menschen bemerken, dass du nun selbstbewusst bist?

____

____

____

____

Stärke-Symbol

Wenn du an dein selbstbewusstes Ich denkst, welche Bilder oder Symbole erscheinen vor deinem inneren Auge? Nimm dir dieses Symbol mit, um auch in der Gegenwart schneller an die gestärkten Denk- und Verhaltensweisen zu gelangen.

Eine Klientin von mir sah gedanklich einen Dinosaurier, der für sie für Kraft und Mut stand. In ihrer Fantasie ritt sie auf dem Dino und fühlte sich geborgen und sicher. Schon als Kind mochte sie Dinosaurier sehr gerne und hatte nicht nur Stofftier-Dinos zu Hause, sondern auch zahlreiche Figuren. Die Klientin stellte sich als Bildschirmschoner auf ihrem Mobiltelefon ein Bild ihrer Lieblingsgattung ein und nahm in ihrer Handtasche von nun an auch immer einen kleinen Plastik-Dino mit, den sie immer wieder herausnahm, wenn sie Selbstvertrauen benötigte.

Welches Bild/Symbol gibt dir Sicherheit und innere Stärke? Zeichne es!

Egal, welches Symbol oder Bild dir in Gedanken erschienen ist, versuche es in deinen Alltag einzubauen, um das damit verbundene Gefühl von Stärke, Sicherheit und Mut jederzeit abrufen zu können.

Glaubenssätze

Durch negative Erfahrungen, durch das Beobachten von anderen Menschen im Umfeld und (un)bewusstes Nachahmen sowie durch unsere genetische Veranlagung entstehen Glaubenssätze.

Glaubenssätze zeigen dir deinen Glauben über dich und die Welt.

Glaubenssätze sind deine tiefsten Überzeugungen und erklären dir die Welt, zeigen deine Meinung und Haltung. Sie bestimmen, auf was du dich konzentrierst, und filtern jegliche Information. Denn die Welt muss Sinn machen. Alles, was passiert, muss eingeordnet werden, denn das Gehirn möchte Chaos und Unordnung vermeiden. So passiert es, dass wir unterbewusst nur das aufnehmen, was zu unserem Weltbild passt.

So kann es sein, dass du ein Kompliment von deinem Arbeitskollegen für dein tolles Aussehen in einem schicken Kleid bekommst. Weil du glaubst, dass du zu viel auf den Rippen hast und gar nicht gut aussehen kannst, glaubst du, dass diese Aussage nicht wahr ist, sondern dich provozieren soll. Denn du selbst hältst dich für zu dick, also kann niemand behaupten, dass du eine schöne Figur hast.

Seit 2020 die turbulente Zeit mit Corona begann, überschlagen sich die Medien mit Berichterstattungen über das Thema. Jemand, der dies für eine Inszenierung hält, wird nur das suchen und finden, was seiner Meinung auch entspricht. Alles andere wird ausgeblendet, ignoriert und existiert demzufolge nicht. Denn deine Welt muss logisch sein, deine Erkenntnisse müssen zu deinen Glaubenssätzen passen.

Eine junge Praktikantin in meinem Büro, die sehr mit Selbstzweifeln zu kämpfen hatte, sah immer nur die Fehler, die sie machte. Auch wenn ich sie lobte, antwortete sie mir mit einer Liste all ihrer Unzulänglichkeiten. Sie war nicht in der Lage, das Gute zu sehen, ihr erfolgreiches Erledigen von Aufgaben oder ihre Siege. Zeitgleich hatte sie auch Probleme in zwischenmenschlichen Beziehungen. Sie berichtete mir, dass sie immer verlassen wird - von Freunden und Liebespartnern. Als Begründung auf die Rückfrage, warum sie glaube, dass dies so sei, antwortete sie mir: »Ich bin nicht liebenswert.« Jedes Verlassenwerden bestätigte ihren Glaubenssatz. Auch wenn eine geliebte Person wegen eines besseren Jobs das Land verließ, war es für sie kein triftiger Grund. Auch als ihre Katze davonlief, war sie der Meinung, dass ihre Katze sie nicht genug liebte und deshalb weglief. Ihre Welt entsprach ihren Glaubenssätzen. Sie schuf sich durch ihre Gedanken ihre ganz eigene Realität.

Da wir nur einen kleinen Teil der Welt wahrnehmen, entspricht dieser Ausschnitt nicht der Realität. Das, was wir sehen, ist das, was wir sehen wollen. Das, was du wahrnimmst, entspricht dem, was du über dich und die Welt glaubst. Somit kann dies ein Teufelskreis sein, wenn du nur deine Unzulänglichkeiten und Fehler siehst und kein Platz mehr für Erfolge, Siege, Talente und andere wunderbare Gedanken ist.

Wenn in deinem Kopf
negative Gedanken sind,
findet sich kein Platz mehr
für positive Gedanken.

Ein erster wichtiger Schritt ist es, die negativen Glaubenssätze in Erfahrung zu bringen. Was denkst du über dich? Was wurde dir vorgeworfen? Was ist dir passiert, dass du derartig schlecht über dich denkst? Wobei bist du gescheitert? Was sagt das über dich als Person, dein Leben und deine Zukunft aus?

Welche Ansprüche hast du an dich und dein Leben?

Sind diese Ansprüche bzw. Erwartungen realistisch und hilfreich?

Sind das deine Erwartungen oder die Erwartungen deiner Eltern oder der Gesellschaft?

Wer kann diese Erwartungen verändern? Wer setzt deine persönlichen Ansprüche fest?

Warum und wann sind deine neutralen Eigenschaften als »schlecht« eingestuft worden?

Warum sind dir diese „negativen“ Eigenschaften oder Verhaltensweisen nützlich? Wie helfen sie dir auch? (Siehe auch S. 165 Schwächen in Stärken verwandeln)

Wer wärst du ohne diese negativen Eigenschaften? Was hättest du ohne diese vielleicht auch verpasst oder nicht erleben dürfen?

Wärst du noch dieselbe Person? Wärst du noch du?

Wenn du deine persönlichen Glaubenssätze eruiert hast, kannst du sie hinterfragen, daran arbeiten, diese verwandeln und endlich loslassen. Denn erst dann ist Platz für schöne Gedanken, die dir helfen, dich stärken und mehr Wunderbares von der Welt wahrnehmen lassen.

Um dich auf mögliche negative Einstellungen von dir aufmerksam zu machen, habe ich die häufigsten Glaubenssätze zusammengefasst.

Kreuze an, welche Sätze dir schon mal durch den Kopf gegangen sind.

- ☐ Ich bin nicht gut genug.
- ☐ Ich muss es allen recht machen.
- ☐ Ich bin nicht liebenswert.
- ☐ Ich muss gefallen.
- ☐ Ich bin ein Versager.
- ☐ Ich darf keine Fehler machen.
- ☐ Ich muss perfekt sein.
- ☐ Ich muss besser sein.
- ☐ Ich bin unwichtig.
- ☐ Ich muss alles perfekt machen.
- ☐ Niemand mag mich.
- ☐ Das werde ich niemals schaffen.
- ☐ Das nächste Unglück kommt bestimmt.
- ☐ Ich kann das nicht.
- ☐ Ich mache alles falsch.

Nun lass uns genauer über diese verletzenden Worte sprechen.

»Ich bin nicht gut genug.«

Du bist nicht gut genug für was? Welche Ansprüche stellst du an dich? Sind diese realistisch? Du musst nicht immer Leistung zeigen, um wertvoll zu sein. Warum bist du so streng mit dir? Von anderen erwartest du doch auch nicht so viel? Du bist gut genug. Vor allem für dich muss es gut genug sein und für niemand anderen sonst.

Welche Ansprüche hast du an dich und dein Leben?

Sind diese realistisch?

Für wen musst du gut genug sein?

Wer entscheidet, was gut genug ist?

Warum bist du so streng mit dir?

Erwartest du von anderen auch so viel?

Würdest du auch mit anderen Menschen so sprechen? Würdest du jemandem sagen, dass er nicht gut genug ist?

»Ich muss es allen recht machen.«

Für wen lebst du dein Leben – für dich oder für andere? Wer verbietet dir, das zu tun, was dich glücklich macht? Du weißt, was dir guttut. Du musst es aber auch äußern, ansprechen und einfordern. Du musst Entscheidungen treffen, die zu deinem Leben passen und dir guttun, niemand anderem. Mach dir doch eine schöne Zeit, denn diese ist begrenzt. Wer trifft die Entscheidungen über dein Glück? Du musst es nicht allen recht machen, du musst es nur dir recht machen. Das ist um einiges leichter, als zu versuchen, es vielen anderen recht zu machen.

Für wen lebst du dein Leben – für dich oder für andere?

Für wen möchtest du leben?

Triffst du Entscheidungen, weil diese für dich gut sind, oder wählst du das, was anderen guttut?

Sprichst du offen aus, was du magst und dich glücklich macht? Warum (nicht)?

»Ich bin nicht liebenswert.«

Was ist liebenswert für dich? Welchen Wert hat die Liebe? Warum soll ein Mensch nicht liebenswert sein? Hat nicht jeder Liebe verdient? Hat nicht jeder liebenswerte Seiten? Wo hast du gelernt, was einen Menschen liebenswert und gut macht? Hat das heute noch Bedeutung? Jeder Mensch ist wertvoll, einzigartig und besonders. Jeder Mensch hat seine Stärken und Schwächen. Niemand ist perfekt, aber genau die kleinen unperfekten Seiten unseres Ichs, unseres Charakters und unseres Aussehens machen den einzelnen Menschen aus. Oft erinnern wir uns genau an das - und lieben es - wie z.B. eine kleine Zahnlücke, ein schallendes Lachen, einen sarkastischen Witzbold, einen mürrischen Hausmeister, die gesprächige und kettenrauchende Nachbarin. Geliebt werden vor allem die Menschen, die authentisch sind. Die Welt liebt echte, unverfälschte Charaktere, die zu sich stehen. Nicht nur in Serien werden die überzeichneten fiktiven Figuren wie Homer Simpson, Frau Knackal, die Teletubbies, Tatort-Kommissare etc. aufgrund ihrer kleinen Laster verehrt. Nimm auch du diese Seiten von dir an. Sie gehören zu dir, sie machen dich aus, und vor allem machen sie dich besonders, einzigartig und liebenswert.

Welche Charaktereigenschaften und Verhaltensweisen sind für dich liebenswert?

____

____

Haben andere Menschen keine Liebe verdient?

Wo(her) hast du gelernt, was annehmbare Charaktereigenschaften sind und liebenswertes, akzeptables und gutes Verhalten?

Ist diese Annahme nach wie vor wahr und gültig?

Warum hast du Liebe verdient?

Was ist Selbstliebe für dich?

Wie oft zeigst du dir selbst, dass du dich liebst?

Welche liebevollen Worte hast du diesen Monat zu dir gesagt?

Welche könntest du zu dir sagen?

Welche Film- und Serienfiguren liebst du aufgrund ihrer nicht perfekten Seiten? Welche Schwächen oder Laster haben diese?

»Ich muss gefallen.«

Was bringt es dir, wenn du anderen gefällst? Glaubst du, so mehr Anerkennung und Lob zu bekommen? Brauchst du das, damit du dir selbst endlich glaubst, toll und gut genug zu sein? Musst du gefallen, damit du dir selbst beweist, dass du ein wertvoller Mensch bist? Man kann nicht jedem Menschen gefallen. So unterschiedlich die Geschmäcker beim Essen sind, so unterschiedlich sind diese auch bei der Auswahl der Menschen im jeweiligen Umfeld. Auch die Kulturen geben andere Maßstäbe vor, was attraktiv ist und geschätzt wird. So sieht man etwa dicke Frauen in armen Ländern mit Wohlstand und Reichtum gesegnet. In Europa gilt dies als Zeichen für mangelnde Disziplin. Manchen gefallen High Heels, anderen

Sneakers. Dein Geschmack - egal, in welchem Bereich des Lebens - muss nicht dem der anderen entsprechen. Was wäre es für eine Qual, wenn du dein Leben lang nur noch das essen dürftest, was den anderen schmeckt? Möchtest du nur noch Filme ansehen, die anderen gefallen, aber dir nicht?

Was gefällt dir an anderen Menschen charakterlich?

____

____

Verfügst du auch darüber, oder vermisst du es?

____

____

Was gefällt dir an anderen Menschen äußerlich?

____

____

Findest du die Menschen in deinem Umfeld wegen ihres Charakters oder Aussehens toll?

Hast du für dein Aussehen schon Komplimente bekommen?

Für welche Eigenschaften und Verhaltensweisen hast du von Menschen schon Komplimente bekommen?

Was war das schönste Kompliment, das du je bekommen hast?

Entspricht der Geschmack deiner Freunde deinem Geschmack?

Ist es möglich, den Geschmack aller Menschen zu treffen?

Wenn nicht, was bedeutet das für dich, dein Verhalten und deine Bemühungen?

Was bringt es dir, anderen zu gefallen?

»Ich darf keine Fehler machen. / Ich bin ein Versager.«

Diese Aussage zeigt die Identifikation mit einem negativ behafteten Begriff. Fast als allgemeingültige, immer wieder sich selbst erfüllende Prophezeiung steht das Wort »Versager« im Raum und zerstört dir jegliche Chance auf einen Ausweg. Dabei ist es höchst unwahrscheinlich, immer zu verlieren, Pech zu haben und ins Fettnäpfchen zu treten. Diese Aussage ist falsch. Und ein Fehler macht weder dich noch jemand anderen zum Versager. Zu scheitern heißt auch zu lernen. In deiner Kindheit bist du an jedem Fehler gewachsen und hast dazugelernt. Ist ein Kleinkind, das gehen lernt, ein Versager, weil es unzählige Male hinfällt, bevor es allein gehen kann? Beschimpfst du Schüler als Versager, wenn sie eine schlechte Mathearbeit schreiben? Bist du ein Versager, weil du menschlich bist und keine Maschine ohne Gefühle und Fehlerquote? Nur jemand, der sich aufgibt, nichts wagt, überhaupt nichts tut, der kann auch keine Fehler machen. Jeder, der sich traut, an Neues heranwagt, der wird auch unweigerlich Fehler machen, da niemand von Beginn an Experte auf seinem Gebiet ist. Jedoch wird er lernen und zu einem Meister in seinem Fach werden, vorausgesetzt, er bleibt dran und macht auf dem Weg dorthin Fehler.

Welche Fehler hast du schon gemacht?

Was hast du dadurch gelernt?

Warum sind Fehler nicht vermeidbar?

Warum sind Fehler wichtig?

Nimmt dir die Angst, Fehler zu machen, Entscheidungen ab, und hindert sie dich daran, überhaupt anzufangen?

Wie würdest du dich verhalten, wenn du wüsstest, dass du keine Fehler machen würdest?

Wie viele Fehler müssen Menschen machen, bis sie Experte auf ihrem Gebiet sind? Schätze!

Wie viele Fehler müsstest du jetzt noch machen, um der Perfektion nahe zu kommen?

Fehler sind Abweichungen von Erwartungen, aber nicht unbedingt »falsch«. Welche unerwartete Wendung hat dir schon Glück gebracht?

»Ich muss perfekt sein.«

Perfektion, ein Ziel, das keinerlei Abweichungen duldet. Perfektion widerspricht somit jeglicher Menschlichkeit. Ein perfekter Mensch - ohne Ecken und Kanten, ohne Schwächen und ohne Fehler - existiert einfach nicht. Es gibt keine perfekte Mutter, keinen perfekten Vater oder den perfekten Lehrer. Perfekt bedeutet, alles einwandfrei und makellos zu machen. Das ist nicht möglich. Fehler gehören zum Leben dazu. Ohne Fehler lernen wir nicht. Wir haben nie alle Informationen, wir können nicht in die Köpfe der anderen blicken. Perfekt kann eine programmierte Maschine sein, bei der auf Funktion A immer B folgt. Kein Mensch kann auf Knopfdruck ein- oder ausgeschaltet werden. Wir fühlen, wir leben. Es gibt keinen geraden Weg des Lebens, es gibt Berge, Hügel, Täler, Kreisverkehre, Stoppschilder und zahlreiche andere unerwartete Wendungen. Lerne, deinen Weg zu lieben. Lerne, dich anzunehmen, so wie du bist, mit all deinen Facetten.

Was ist für dich perfekt?

____

____

____

Was müsstest du tun, und wie müsstest du sein, um deiner Meinung nach perfekt zu sein?

Streiche das Wort »müsste« und ersetze es durch »wollen« oder »mögen« (Ich will ... Ich möchte ...)

Wie verändert »wollen« und »mögen« dein Gefühl beim Durchlesen der Sätze?

Welche »unperfekten« Merkmale schätzt du an anderen Menschen?

Stell dir vor, ein Freund bzw. Partner ist vollkommen. Wie fühlst du dich in seiner/ihrer Nähe? Ist es angenehm, sich mit fehlerfreien, »perfekten« Menschen zu umgeben?

Oder ist es doch liebenswerter und authentischer, wenn Menschen ihre Macken und Fehler haben? Warum?

Was sagt das nun über dich aus?

»Ich muss besser sein.«

Das Wort »muss« ist hart, fordernd und kalt. Etwas zu müssen erzeugt Druck und beinhaltet Zwang. Müssen tun wir nichts, außer zu sterben. Du könntest jederzeit dein bisheriges Leben zurücklassen, auf eine Insel auswandern, Kokosnüsse verkaufen und jeden Tag am Strand in der Sonne sein. Du kannst jederzeit deine Beziehung beenden, den Job kündigen, dich von den Menschen trennen, die dir nicht guttun. Du hast die Macht über dein Leben. Du triffst die Entscheidung, auf eine bestimmte Art zu leben oder dich davon zu befreien. Du darfst arbeiten, du kannst besser werden, du hast Ziele. Zwing dich dazu, aber nicht mit dem Wort »muss«. Es ist okay, sich etwas zu wünschen, es ist gut, Ansprüche zu haben, immer besser werden zu wollen. Aber du setzt dich unnötig unter Druck, wenn du dir zu hohe Ziele setzt, und sorgst so obendrein auch noch für Stress. Und wenn sich deine Erwartungen an dich und dein Leben dann nicht erfüllen, endet das nur in tiefer Enttäuschung. Deshalb sei gut zu dir, sei liebevoll, sprich mit dir wie mit einem guten Freund oder einer Freundin. Du musst nicht besser sein, du bist gut so, wie du bist. Wenn du besser werden möchtest, ist das schön, aber dich zwingt niemand dazu, außer du selbst.

Welchen Ansprüchen möchtest du gerecht werden?

Wäre es schlimm, wenn sich nichts verändern würde und alles so bliebe, wie es ist? Warum?

Wobei machst du dir selbst zu viel Druck und Stress?

Würdest du dies auch mit liebevollen Worten und weniger Druck erreichen können? Wie würde sich das anfühlen?

Wenn alles in die Brüche gehen würde, was wäre dein Plan B? Denk dir etwas Schönes aus, um dir die Angst vor dem Scheitern zu nehmen.

Wäre das Leben so viel anders und besser, wenn du all deinen Ansprüchen gerecht werden würdest?
Was würde sich nach wie vor nicht verändern?

____

____

____

____

»Ich bin unwichtig.«

Wir wollen wichtig sein, wir alle wollen gesehen und wahrgenommen werden und unseren Teil beitragen. Für andere Menschen wichtig zu sein bedeutet, besonders, relevant und nicht austauschbar zu sein. Dies gibt dem Leben Sinn und einem selbst Antrieb. Es ist Macht und zugleich ein Beweis der eigenen Fähigkeiten. Sich unbedeutend zu fühlen ist oft ein Trugschluss. Ebenso der Gedanke, nichts verändern oder beeinflussen zu können. Jeden Tag macht deine Existenz einen Unterschied. Ohne dich wäre das Leben deiner Eltern anders verlaufen, in deiner Schulklasse wäre ohne deine Hilfe der ein oder andere Schüler durchgefallen. Deine Arbeitskollegen würden die Arbeitsatmosphäre anders wahrnehmen, müssten deine Aufgaben mit erledigen. Hättest du nicht an dem einen Tag scharf auf der Straße gebremst, wäre das Auto hinter dir eventuell mit dem Radfahrer kollidiert. Jede Handlung an jedem Tag macht einen Unterschied, ob du einer alten Dame über die Straße hilfst, ob du dich entscheidest, bei einem Event teilzunehmen, den Job anzunehmen oder nicht.

Leben ist Macht. Auf der Welt zu sein macht einen Unterschied, auch wenn dir dies nicht immer klar ersichtlich ist.

Durch welche deiner Entscheidungen konntest du das Leben von anderen positiv beeinflussen?

Wann und wie hast du Menschen schon in ihrem Leben geholfen?

Wie hätte deren Leben ohne deine Hilfe ausgesehen?

Wenn du nur noch eine Woche zu leben hättest, was würdest du machen?

Würdest du auch in deiner letzten Woche noch an dir zweifeln, oder wäre dir plötzlich alles egal? Warum?

Wie würde dein Freundeskreis ohne dich aussehen?
Was würde fehlen?

Wie würde deine Familie ohne dich aussehen, sich verhalten und die Stimmung sein? Was würde fehlen?

Wie würde deine Arbeit ohne dich aussehen?
Wie wäre die Stimmung? Was müssten andere statt dir erledigen? Was würde fehlen?

Wenn du an Bedeutung gewinnen möchtest, musst du bereit sein, Verantwortung zu übernehmen. Jemand, der Verantwortung übernimmt, ist wichtig, kann jedoch auch scheitern.

Was hält dich davon ab, Verantwortung zu übernehmen (sowohl privat als auch beruflich)?

____

____

____

Sind das gute Gründe?

____

____

____

Was würde ein selbstbewusster Mensch dazu sagen?

____

____

____

»Niemand mag mich.«

Wer muss dich denn mögen? Warum müssen Menschen dich mögen? Wie verändert es dein Leben, wenn Menschen dich mögen? Kann man von allen gemocht werden, wenn man sich selbst treu bleiben möchte? Welche Menschen magst du? Was denkst du über Menschen, die es allen recht machen wollen? Werden diese respektiert oder eher ausgenutzt und nicht ernst genommen? Wie möchtest du wahrgenommen werden? Ist es möglich, allen zu gefallen? Wäre es erfüllend für dich, gemocht zu werden, wenn du nicht du bist?

Menschen sind soziale Wesen. Es ist menschlich und natürlich, Menschen in seinem Leben zu brauchen, die Wertschätzung, die körperliche Nähe, die anerkennenden Worte (siehe Soziophobie). Menschen wollen nicht allein sein. Aber all diese Zuwendung tut nur gut, solange man authentisch ist. Trau dich, du selbst zu sein. Es werden Menschen in dein Leben treten, die dich genau so schätzen. So wie du nicht jeden magst, kann auch dich nicht jeder mögen. Was wäre die Welt, wenn alle gleich wären, alle dieselben Fähigkeiten und Talente hätten, sich identisch verhalten und dasselbe sagen und denken würden? Welcome to Robot City!

Diese Welt braucht Facetten wie etwa die Computer-Nerds, die Sänger, Künstler, Chaoten und Organisationstalente. Wir brauchen Menschen mit Humor, mit Biss, Ehrgeiz und Ernst. Menschen mit Herz sind gefragt, in manchen Berufen aber auch Menschen, die mit Leid und Unglück umgehen können. Jeder muss nur seinen Platz finden. An diesem Platz kannst du deine Stärken ausbauen, diese nutzen, wirst die Aufgaben hervorragend bewältigen und für das geliebt werden, was du bist.

Wer muss dich denn mögen?

____

____

____

Warum müssen Menschen dich mögen?

____

____

____

Wie verändert es dein Leben, wenn Menschen dich mögen?

Stell dir vor, du bist Justin Bieber. Um dein Haus stehen Paparazzi und Tausende Fans. Du kannst nicht mehr allein das Haus verlassen, weil du belagert wirst. Menschen versuchen, Geld mit dir zu verdienen, weil du beliebt und bekannt bist. Sie versuchen, Schlagzeilen zu erfinden, dich in den peinlichsten Momenten zu fotografieren, deinen Computer zu hacken, Bilder zu stehlen, deine privatesten Momente zu veröffentlichen. Wie wäre das für dich?

Kann man von allen gemocht werden, wenn man sich selbst treu bleiben möchte? Warum (nicht)?

Was denkst du über Menschen, die es allen recht machen wollen?

Werden diese respektiert oder eher ausgenutzt und nicht ernst genommen? Warum?

Wie möchtest du wahrgenommen werden?

Wie anstrengend ist es, dein Wunschbild von dir aufrechtzuerhalten?

Wie viel leichter wäre es, wenn du nicht darauf achten müsstest?

Wofür könntest du diese frei gewordene Energie nun einsetzen?

Ist es möglich, allen zu gefallen?

Wäre es erfüllend für dich, gemocht zu werden, wenn du nicht du bist? Warum (nicht)?

Warum magst du dich? Zähle mindestens fünf Punkte auf!

»Das werde ich niemals schaffen. / Ich kann das nicht. / Das nächste Unglück kommt bestimmt.«

Der Glaube versetzt Berge. Das, was wir glauben, ziehen wir in unser Leben. Unterbewusst ziehen wir an, was in unseren Gedanken vorgeht. Die Macht der Gedanken ist unglaublich stark. Ich habe lange daran gezweifelt, aber gesehen, dass es funktioniert. Wenn ich mit dem Auto auf Parkplatzsuche bin, stelle ich mir fest vor, dass ich eine Parklücke entdecken werde. Und siehe da, es klappt! Fast immer finde ich einen Parkplatz. Genauso funktioniert das mit Noten, der Karriereleiter, in Beziehungen zu Freunden und Liebespartnern. Wenn du daran glaubst, dass du gut bist, dass es gut wird - egal, auf welchem Gebiet -, dann nehmen das unweigerlich auch andere wahr, und die Gedanken werden zur Realität.

Eine gute Freundin, die selbstständig ist, erstellt jedes Jahr ein Vision Board, um ihre Ziele aufzuschreiben, sie so zu visualisieren und in ihr Leben zu holen. Und siehe da, etwa die Hälfte der Wünsche geht meist in Erfüllung, von bevorzugten Kooperationspartnern bis hin zum Urlaubsort und der erfüllten, harmonischen Beziehung. Ein Jugendlicher, der schneller laufen wollte, um im Fußball besser zu sein, schrieb sich auf ein Kärtchen am Schreibtisch: »Ich bin so schnell und flink wie eine Spinne.« Nach wenigen Monaten schon bekam er die ersten Komplimente vom Trainer, durfte von der Ersatzbank und wurde zum Topspieler seiner Mannschaft.

Ziele zu visualisieren hilft, diese in sein Leben zu ziehen. Mehr oder weniger bewusst im Kopf verankert, steuert man somit auf die eigenen Wünsche zu, da alle Handlungen darauf abgestimmt werden. Indem man den Fokus auf das Ziel legt, eröffnen sich auch die Wege dorthin.

Wer sagt dir, dass du etwas nicht schaffen kannst?
Wer setzt deine gedanklichen Grenzen?

Wer ist verantwortlich dafür, ob du etwas erreichst oder nicht?

Wenn du etwas wirklich möchtest, glaubst du, es dann nicht zu schaffen?

Wenn das Scheitern deinen Tod oder den Tod eines geliebten Menschen bedeuten würde, würdest du es dann schaffen?

Wenn du etwas nicht schaffst, kann es sein, dass es dir nicht so wichtig war und du es auch nicht wirklich versucht hast?

Wenn es an der Motivation liegt und nicht an deinem Können, was bedeutet das für den Satz »Ich kann das nicht«?

Ist es okay, nicht immer motiviert zu sein und 110 % zu geben? Warum?

Kann ein Mensch in jedem Lebensbereich immer 100 % geben?

Wie lange kann ein Mensch immer 110 % geben, bis er ausgebrannt ist?

Für was sparst du möglicherweise deine Energie?

Wo möchtest du mehr oder weniger Energie investieren?

Zeichne hier deine persönlichen Energiereserven auf.
Du hast jeden Tag, wenn du ausgeschlafen und entspannt bist, 100 % zur Verfügung. Nun teile ein, wie viel deiner Energie wohin fließen soll. Bitte achte darauf, dass du auch einen Teil deines persönlichen »Akkus« für dich selbst verwendest.

_____% ______________________________

_____% ______________________________

_____% ______________________________

_____% ______________________________

_____% ______________________________

_____% ______________________________

Sei dir bewusst, dass es vollkommen in Ordnung ist, Energiereserven aufzubehalten und du nicht jeden Tag einen vollen Akku zur Verfügung hast.

Übung: Vision Board

Erstelle ein Vision Board. Positive Zukunftsbilder schaffen Motivation, erzeugen Antriebskraft, Ausdauer und Disziplin. Sie helfen dir dabei, die richtigen Entscheidungen im Hier und Jetzt zu treffen, deine Energie richtig einzuteilen und immer mehr dein persönliches Glück im Leben zu finden. Gestalte ein Plakat, auf dem du alles verbildlichst, was du in dein Leben ziehen möchtest. Nutze Zeitungsausschnitte, suche passende

Bilder im Internet und gestalte eine motivierende Collage, die dir hilft, all dies in dein Leben zu ziehen. Finde einen Ort für dein Zielplakat, an dem du es regelmäßig siehst, vorbeiläufst und die Bilder unbewusst manifestierst. Sieh ein Jahr später auf das Vision Board und stelle fest, was du davon in dein Leben gezogen hast oder was/wem du dich angenähert hast.

Was möchtest du in dein Leben ziehen?

Was möchtest du im nächsten Jahr erreichen/erleben?

Was möchtest du in den nächsten 20 Jahren erreichen bzw. erleben?

Was soll noch auf dein Vision Board?

Wann findet dein Date mit dir und deinen Wünschen statt? Wann wirst du dir das nächste Mal dein Vision Board ansehen und feststellen, was du davon bereits in dein Leben gezogen hast? Stelle dir den Termin und vergib einen angenehmen Benachrichtigungston.

»Ich mache alles falsch.«

Dies ist ebenfalls eine unnötige Verallgemeinerung, die nicht richtig ist. Auch das Wort »falsch« geht davon aus, dass es ein »richtig« gibt. Es gibt ein »anders«, aber kein »falsch«. Falsch ist Ansichtssache und wird vom Betrachter definiert. Wenn du Regen magst, freust du dich darüber. Wenn du verregnete Tage ablehnst, ist das für dich frustrierend, falsch und belastend. Das Leben ist nicht schwarz oder weiß, es ist kunterbunt, mal grau, mal blau, mal leuchtend gelb oder zart pink. Wir selbst geben dem Leben seine Farben und Facetten. Wir geben unseren Lebensinhalten auch die Bedeutung und

Wichtigkeit, die ihnen für uns zukommt. Du kannst natürlich das sehen, was für dich falsch läuft und du nicht magst. Im Prinzip ist aber alles neutral und Ansichtssache, eine Frage der Perspektive.

Manche empfinden Ordnung als oberste Priorität. Manche fühlen sich in derart sterilen, minimalistischen Räumen aber auch unwohl. Es gibt Personen, die jeden Tag ihren Kaffee brauchen, anderen schmeckt Kaffee einfach »falsch«. Vielen Menschen gilt Karriere als ihr oberstes Ziel, obwohl andere dies ablehnen und als ihre oberste Priorität Familie setzen. Falsch gibt es nicht, nur anders. Wer bestimmt denn, was falsch ist? Wer gibt den Dingen ihre Bedeutung und entscheidet über deren Wert?

Wer bestimmt denn, was falsch ist?

Wer gibt den Dingen ihre Bedeutung und teilt diese in Kategorien wie richtig und gut oder schlecht ein?

Welche positiven Seiten hat diese für dich als »falsch« eingestufte Thematik? Was kannst du dadurch auch gewinnen oder lernen?

Wenn du dich entscheiden könntest, nicht mehr über die negativen, falschen Themenfelder traurig, frustriert oder enttäuscht zu sein, würdest du dies annehmen?

Wer ist dafür verantwortlich, wie du dich bei diesen Themen fühlst? Wer kann es beeinflussen, dass du dich trotzdem gut fühlst?

Auf was kannst du dich konzentrieren, wenn du das Gefühl hast, falsch zu sein oder viel falsch zu machen?

Wie könntest du Freunden in so einer Situation weiterhelfen?

Was möchtest du dir sagen?

Was macht dein Leben bunt?

Wie viel Farbe gibst du deinem Leben?

Wie könntest du mehr Farbe in dein Leben bringen?

Wie könnte die Überschrift, der Filmtitel deines Lebens lauten?

Beschreibe die Hauptfigur dieses Films!

Beschreibe das voraussichtliche Happy End des (deines) Films!

Sei, wer du sein willst.
Lebe, wie du leben willst.
Du hast immer eine Wahl.

URÄNGSTE ALS SELBSTBEWUSSTSEINS-KILLER

Zwei Urängste sind maßgeblich für starke Nervosität, Ängste und mangelndes Selbstvertrauen verantwortlich:

- die Angst, zu versagen,
- die Angst, abgelehnt zu werden.

Diese beiden Ängste hat jeder Mensch, sie sind angeboren und begleiten uns seit der Steinzeit. Wenn wir nicht von der Gruppe akzeptiert worden sind, abgelehnt wurden, versagten, dann standen unsere Überlebenschancen schlecht. Denn Arbeitsteilung hat uns das Leben erleichtert - Beeren sammeln, Mammuts jagen, Kinder versorgen, das Feuer bewachen ... Ein Fehler hätte den Ausschluss aus der Gruppe bedeutet und damit zwangsläufig den Tod.

Heutzutage ist dies eine irrelevante Angst, denn wenn wir nicht gemocht werden, können wir uns jederzeit ein anderes Umfeld suchen, das uns besser gefällt, in dem wir nicht nur besser verstanden und vor allem nicht dauernd kritisiert werden, sondern auch Wertschätzung erfahren.

Diese Menschen existieren, genau wie die Orte, an denen du dich wohlfühlst. Vielleicht hast du sie nur noch nicht gefunden.

Auch die Angst, zu versagen, zu scheitern und existenziell in Gefahr zu sein, ist unrealistisch. Es gibt zahlreiche Jobs, Möglichkeiten, um Geld zu verdienen, sowie ein Sicherheitssystem des Staates, welches uns ermöglicht, auch bei Krankheiten, Unfällen oder Jobverlust nicht mittellos zu sein.

Selbstbewusst sind wir in einer Umgebung, in der wir uns gut fühlen und verstanden. Doch nicht jede Situation war von Anfang an so. Du hast dich diesen Situationen gestellt, sie erfahren, positiv abgespeichert und nicht mehr als neuartig oder gefährlich gesehen.

Selbstvertrauen hast du in Situationen,
die du gut kennst, die du oft erfahren
und positiv bewältigt hast.

In der heutigen Zeit bedeutet nicht gemocht zu werden oder zu versagen nicht den Tod - es ist lediglich unangenehm, weil wir unsere eigenen Erwartungen nicht erfüllen, weil wir uns mit anderen vergleichen, weil wir ein Schwarz-Weiß-Denken (es gibt nur perfekt oder extrem schlecht) an den Tag legen oder uns selbst für alles verantwortlich machen und uns die Schuld geben. (Er mag mich nicht: »Ich bin falsch.« Negative Note: »Ich bin dumm.«) Natürlich sind diese Worte nicht förderlich für das eigene Selbstbewusstsein.

Nicht wir selbst sind falsch, ungenügend oder haben nicht ausreichende Fähigkeiten, denn wir sind, wer wir sind: Menschen auf ihrem Lebensweg, die alle nur ein glückliches, zufriedenes Leben führen wollen. Jeder einzelne Mensch möchte seine Aufgaben erfüllen (so gut und richtig als möglich), keine Fehler machen (diese halten auf und bedeuten Rückschritt) und gemocht werden (Lob anderer tut unserer Seele und unserem Selbstbewusstsein gut) und dazugehören. Wir wollen uns bedeutsam und wichtig fühlen. Wir wollen das Gefühl haben, einen Platz in dieser Welt zu haben, in etwas gut zu sein und hiermit sinnvolle Arbeit oder Hilfe leisten zu können.

Was wäre das Schlimmste, was passieren könnte?
Was ist das Worst-Case-Szenario?

Wie schrecklich ist es auf einer Skala von 1 (schlecht) bis 10 (sehr gut)?

1 2 3 4 5 6 7 8 9 10

Tut es weh? Ist es gefährlich?

Ist die Angst hilfreich?

____

____

Was würde helfen?

____

____

Was ist das Best-Case-Szenario? Wie könnte die Situation bestmöglich ausgehen?

____

____

Kritik wird es immer geben - Fehler sind nicht vermeidbar. Das ist das Leben. Wir können nicht lernen, wie diese zu vermeiden sind, wir können aber lernen, wie wir damit umgehen, damit es uns dabei gut geht. Wir können lernen, trotz Fehlern und Rückschlägen selbstbewusst zu sein und unser Selbstvertrauen nicht zu verlieren.

Wir können Fehler nicht vermeiden - wir können aber einen anderen Umgang damit finden.

Wir alle wollen Selbstbewusstsein und Selbstvertrauen spüren. Jeder möchte das Gefühl haben, gut zu sein, richtig zu sein, gemocht und geschätzt werden. Niemand macht gerne Fehler, wird gerne zurückgewiesen oder auf mangelnde Fähigkeiten hingewiesen. In dieser Hinsicht fühlen wir alle gleich, deshalb sollten wir uns öfter gegenseitig bestärken und loben, dafür weniger kritisieren und beschimpfen. Denn was haben wir davon?

Sei gut zu dir, sei gut zu anderen. Lobe dich, sprich aus, wenn andere etwas gut machen. Je mehr nette Worte du in die Welt hinausträgst, umso mehr wirst du zurückbekommen. Mach die Welt ein Stückchen besser, sei ein Vorbild für andere. Mache niemanden klein, schon gar nicht dich selbst, und finde das Schöne, Gute und all das Potenzial, das dein Leben zu bieten hat.

SOZIOPHOBIE

Soziale Angst oder Soziophobie ist die Angst, bewertet, verurteilt oder weggestoßen zu werden. Dies ist eine eigene Kategorie von Angst, an der viele Menschen leiden.

Die soziale Phobie ist in jedem Menschen verankert, da diese eine Urangst ist, doch die Soziophobie ist bei jedem unterschiedlich stark ausgeprägt. Niemand möchte ausgelacht werden oder sich blamieren. Niemand gibt gerne zu, Fehler gemacht oder versagt zu haben. Kein Mensch möchte feststellen, nicht über die nötigen Fähigkeiten zu verfügen, um eine

Erwartung zu erfüllen - egal, ob es ein Arbeitsauftrag war, der unzureichend erledigt worden ist, oder das Lied auf der Gitarre, das schief geklungen hat. Diese Gedanken hast nicht nur du allein, jeder Mensch hatte schon mal Selbstzweifel und kennt diesen Schmerz.

Wenn diese Angst jedoch überhandnimmt, das Leben einschränkt, Entscheidungen für dich trifft und deine Handlungen bestimmt, dann wird aus der natürlichen Urangst eine soziale Angst. Viele reagieren mit Rückzug, gehen nicht mehr aus, scheuen jegliche Aufgaben mit Verantwortung und zeigen starke körperliche Symptome wie schwitzen, rot werden, zittern, Atemnot, weiche Knie, Magenschmerzen etc. Das Vermeiden führt aber oft zur Verstärkung der sozialen Angst. (Wie du Ängste systematisch bekämpfst, erfährst du in meinem Buch »Sei stärker als die Angst«.) Die soziale Angst, Fehler zu machen und nicht gut genug zu sein, kommt bei jedem 10. Menschen vor. Somit hast du bereits viele Menschen getroffen, denen es ähnlich geht. Du bist nicht allein.

Jeder 10. leidet an Soziophobie und mangelndem Selbstvertrauen.

Oft wird Schüchternheit mit einer sozialen Angst verwechselt. Schüchternheit ist eine Charaktereigenschaft, die verschwindet, wenn man oft mit derselben Person spricht.

Es ist Zurückhaltung, und Kontakte werden nicht zur Gänze gemieden. Die Angst, etwas Falsches zu sagen oder sich peinlich zu verhalten, spricht nicht gleich für eine Soziophobie. Zu erröten, zu schwitzen oder zu stottern ist aufgrund von Angstgedanken normal. Die Dauer, Häufigkeit und Länge bietet Aufschluss. Ein weiteres Kennzeichen für eine ausgeprägte soziale Angst ist das konkrete Vermeiden von sozialen

Interaktionen oder der häufige Gebrauch bzw. Missbrauch von Medikamenten (Beruhigungstropfen, Alkohol, Cannabis etc.)

Manche Kinder waren nie schüchtern, zeigten keinerlei Ängste oder Sorgen in jungen Jahren und haben durch traumatische Erlebnisse eine soziale Angst entwickelt. Soziophobie ist zum Teil auch Veranlagung. Sozialforscher haben bewiesen, dass die Gene eine Rolle spielen und manche Menschen auf eine natürliche Art zur Zurückhaltung bzw. zu Hemmungen neigen. Kinder von sozialphobischen Eltern sind deshalb häufiger von einer Soziophobie betroffen - einerseits aufgrund des Erbguts, andererseits aufgrund des Nachahmens und Modell-Lernens (siehe S. 51).

Menschen brauchen Menschen.

Allein durch das Leben zu gehen macht wenig Freude. Die schönen Momente wollen geteilt werden, das Leid gemeinsam verarbeitet und besprochen werden. Wer sich dazu entscheidet, allein alle Lasten des Lebens zu tragen, lädt sich derart viel Gewicht auf, dass er Schwierigkeiten haben wird, voranzukommen. So erdrückend Probleme auch sein können, so befreiend ist es, mit anderen Menschen die eigene Last zu teilen und diese gemeinsam zu schultern. Und sei es auch nur, dass man Hilfe beim Umzug hat, einen Bekannten, der das Auto repariert oder die Elektronik zu Hause auf Vordermann bringt. Hilfe erleichtert das Leben. Unterstützung erleichtert das Herz.

Das Bedürfnis nach sozialen Kontakten ist menschlich und kennzeichnet das Wunder Leben. Menschen ohne körperliche Nähe und Anerkennung werden krank - sowohl mental als auch physisch. Es ist bewiesen, dass sich das geistige Wohlbefinden auf den Körper auswirkt. So kann Einsamkeit zu

Konzentrationsstörungen, Gallensteinen, Gastritis oder Lähmungen führen. Die körperlich auftretenden Symptome sind ein Symbol für den inneren Schmerz. Sie zeigen, wie es dem Menschen geht und sich sein Innerstes anfühlt. Das Innen wird äußerlich sichtbar.

Körperliche Nähe, Anerkennung und Wertschätzung sind Grundbedürfnisse.

So kam es, dass eine 35-jährige Frau eines Tages in ihrem Bett aufwachte und sich nicht mehr bewegen konnte. Sie war gesund, und doch konnte sie sich nicht rühren. Sie war verzweifelt, und ihr Mann verständigte sofort die Rettung. Tagelang lag sie bewegungslos im Krankenhaus und verstand die Welt nicht mehr. Die Lähmung ließ allmählich nach, jedoch ist bis heute die rechte Seite ihres Gesichts nicht mehr zur Gänze kontrollierbar. Nachweisen konnten die Ärzte jedoch nichts. Die Ursache war wohl stressbedingt. Stress wird meist diagnostiziert, wenn kein anderer Auslöser gefunden wird; der Grund ist dann vermutlich der Kopf, der dem Körper indirekt etwas mitteilen möchte.

So lag der Fall auch bei dieser Frau. Sie hatte in der Vergangenheit viel Kritik und Zurückweisung erfahren und glaubte, dass mit der Familie, ihrem Job und dem Haus nun alles anders werden würde.

Sie hatte nie wirklich das Gefühl von Verbundenheit und Sicherheit im familiären Umfeld erfahren und wanderte früh aus und verließ Deutschland, um ihr Glück in Österreich zu finden. Beruflich war sie sehr ehrgeizig und auch erfolgreich. Trotzdem wurde sie dadurch nicht stärker und empfand sich selbst nach wie vor als nicht wertvoll genug, denn das Streben nach Anerkennung und Wertschätzung im Außen wurde nicht nur beruflich, sondern auch privat zur persönlichen Lebensaufgabe. Sie bekam nicht die bedingungslose Liebe, die sie wollte - nicht von ihrem Mann, nicht von ihr selbst. Und so hing ihre Ehe trotz einiger Schönheits-OPs am seidenen Faden. Auch das wunderschöne, große Haus, das sie liebend gerne präsentierte, verhalf ihr nicht zum gewünschten Selbstwert. Das Haus, die großen Brüste, die schlanke Figur und die Erfolge im Beruf ließen sie nur vorübergehend glücklich sein. Doch es hielt nicht an, denn alle ihre Taten beruhten darauf, Reaktionen von außen zu bekommen, um sich so immer wieder zu bestätigen, richtig und gut genug zu sein. Denn jeder Tag, an dem sie keinen Erfolg erzielen konnte, ließ sie immer wieder aufs Neue ihre Leere spüren. Gab es keine Anerkennung oder Wertschätzung auf ihr Verhalten oder Aussehen, ließ sie das ihre eigenen Fähigkeiten, Errungenschaften, Wünsche, Verhalten hinterfragen. Somit war ihr Ziel niemals, sich glücklich zu machen, sondern immer nur, das Glück darzustellen, was andere ihr als dieses bestätigen würden. Und genau dieses unerbittliche Streben nach Erfolg, um sich wieder und wieder ihren Wert zu beweisen, machte sich eines Tages durch die Lähmung bemerkbar. Ihr Körper konnte keinen weiteren Tag ihren hochgesteckten Zielen hinterherjagen. »Stopp«, schrie er in blinkenden Leuchtbuchstaben. Dies war der Tag, an dem sie sich entschied, etwas zu ändern.

Wenn der Körper schreit, ist das ein
Warnsignal und verlangt nach Aufmerksamkeit.

Eine soziale Phobie abzulegen ist schwierig, denn sie ist tief in uns verwurzelt. Wir wollen den Kontakt zu Menschen, und gleichzeitig machen uns Menschen, deren Reaktion und Denken über uns Angst.

Wie bereits erwähnt, sind viele Ängste aufgrund von negativen Erfahrungen entstanden. Die erste große Liebe hat einen betrogen, die Kinder in der Schule haben einen gehänselt, der Skilehrer hat einen bei den ersten Skistunden gedemütigt und Spaß dabei gehabt. Einschneidende oder sozial belastende Erlebnisse in der Kindheit oder Jugend sind häufig der Grund für Ängste. Wenn Kinder stark verunsichert werden und dann an sich zweifeln, ist es schwer, dies wieder aus dem Kopf zu bekommen. Natürlich möchte der Mensch nicht wieder verletzt werden und entzieht sich deshalb dem schmerzlichen Erlebnis und weiteren Situationen, die dasselbe Gefühl erneut hervorrufen könnten.

Nicht nur Erfahrungen spielen eine Rolle, sondern auch die Erziehung. Wenn die Eltern viel kritisieren, dem Kind wenig Liebe und Zuneigung entgegenbringen, können sie nur schwer ein gutes Selbstwertgefühl entwickeln (siehe S. 38 »Wie entstehen Selbstzweifel«). Immer wieder wird der Fokus auf die Fehler gelegt, was dem Kind das Gefühl gibt, ständig alles falsch zu machen. Selbstverständlich möchte man dann auch nicht vor anderen Fehler machen und unter Umständen denselben Hohn zu spüren bekommen. Überfürsorgliche Eltern reden ihren Kindern zusätzlich noch Angst vor allem Möglichen ein. Doch wenn sie den Nachwuchs nicht in die Lage versetzen, soziale Interaktion zu üben, wird dieser später schneller verunsichert sein, da die Übung dafür fehlt. Soziale Kontakte sind für Kinder ein wichtiges Trainingsfeld.

Ein weiterer Faktor ist, was die Erziehenden von der Meinung anderer halten. Wird viel Wert darauf gelegt, was andere denken oder sagen, lernt auch das Kind, die Beurteilung anderer Menschen als überaus wichtig zu nehmen, was die Angst noch zusätzlich verstärkt.

Vor allem Kinder, die viel alleine waren oder viel mit sich alleine klären mussten und keine offene Gesprächskultur zu

Hause hatten, sind im Erwachsenenalter häufiger ängstlich und selbstkritisch. Sie haben nie eine sichere Bindung erfahren und mussten die Sicherheit für sich erst entwickeln.

Ich selbst wurde – ohne dass meine Eltern es böse gemeint hätten – oft in mein Zimmer geschickt, wenn ich weinte, und musste dort warten, bis ich fertig war. Neben meiner genetisch vorbelasteten Phobietendenz war dies unter anderem ein Grund für die vermehrten Ängste und Selbstzweifel, die ich jahrelang bearbeitet habe, um nun Selbsthilfebücher dazu verfassen zu können.

Zeigen deine Eltern Züge einer Soziophobie?
Wenn ja, welche? Hast du hier Denkweisen und Verhalten übernommen?

Welche Ängste hatten deine Eltern, die du übernommen hast?

Welches Verhalten war deinen Eltern besonders wichtig?

Auf welche Fehler bzw. »falsche« Verhaltensweisen wurdest du oft hingewiesen?

Welche Denkweisen und Glaubenssätze hast du dadurch über das »richtige« Verhalten in Kontakt mit Menschen entwickelt?

Welche Ängste hattest du als Kind im Kindergarten und in der Volksschule?

Haben sich diese Ängste bewahrheitet? Hast du diese Ängste ablegen können?

Welche Ängste und Sorgen hattest du als Teenager?

Haben sich diese Ängste bewahrheitet? Hast du diese Ängste ablegen können oder wurden diese schlimmer?

Welche Ängste hattest du als Kind oder Jugendlicher im Umgang mit Menschen, die sich nicht bewahrheitet haben?

Wie konntest du diese Ängste besiegen?
Was waren Schlüsselerfahrungen?

Wie viele deiner Sorgen und Zweifel wurden nie wahr? Nenne drei Beispiele.

Wie hättest du die Zeit besser nutzen können, als sich über ein mögliches Zukunftsszenario Sorgen zu machen?

Vergib dir deine Fehler und Schwächen.
Sie haben dich zu dieser Person gemacht,
und das ist gut so. Du bist gut so.

SELBSTTEST: LEIDE ICH UNTER SOZIOPHOBIE?

Soziophobie ist weltweit verbreitet und belastet unzählige Menschen auf diesem Planeten. Dieser Test zeigt, wie viel soziale Angst in dir steckt.

Der Mut, glücklich zu sein,
beinhaltet auch den Mut,
nicht gemocht zu werden.

Kreuze die auf dich zutreffenden Aussagen an.

- ☐ Ich denke oft, dass mit mir etwas nicht stimmt und ich anders als andere bin.
- ☐ Es ist eine schreckliche Vorstellung, dass mir andere bei der Erledigung von Aufgaben (Kochen, Putzen, E-Mails schreiben etc.) zusehen.
- ☐ Ich sage oft Veranstaltungen ab, bei denen ich auf viele fremde Menschen treffen würde, weil mir zu viele unangenehme Situationen in den Kopf kommen, die passieren könnten.
- ☐ Ich komme mit anderen nur schwer zurecht.
- ☐ Mir ist es sehr wichtig, gemocht zu werden, daher bin ich auch immer sehr freundlich und verständnisvoll.
- ☐ Ich habe das Gefühl, ich verstehe Aussagen von anderen oft falsch, sodass ich schlecht dastehe oder mich angegriffen fühle.

- [ ] Wenn andere merken, wie ich wirklich bin, wollen sie nichts mehr mit mir zu tun haben.
- [ ] Ich verhalte mich oft peinlich vor anderen Leuten.
- [ ] Wenn ich mit anderen spreche, bin ich mehr in deren Kopf als in meinem und mache mir Gedanken, was sie denken könnten.
- [ ] Andere bemerken meine Unsicherheit und mögen mich dadurch weniger.
- [ ] Wenn ich vor/mit anderen sprechen muss, zerbreche ich mir schon Tage vorher den Kopf, was ich sagen möchte.
- [ ] Es fällt mir schwer, Blickkontakt zu halten.
- [ ] Small Talk mag ich nicht, kann ich nicht und führe ich nicht gerne.
- [ ] Andere betrachten mich oft mit prüfenden und abschätzigen Blicken.
- [ ] Ich fühle mich in Gruppen oft nicht wohl/willkommen.
- [ ] Ich schwitze, erröte oder zittere schnell in sozialen Interaktionen.
- [ ] Ich wurde schon von anderen Menschen öffentlich ausgelacht oder gedemütigt.
- [ ] Ich habe oft Angst, die Erwartungen anderer nicht erfüllen zu können.
- [ ] Ich reagiere oft mit unangebrachten Reaktionen wie z. B. Lachen, Weinen, unkontrollierten Zuckungen.
- [ ] Ich bin nervös, spreche schneller, werde tollpatschig und werfe etwas um.

- [ ] Ich vermeide es, anderen zu begegnen, z. B. wechsle ich die Straßenseite oder versuche mich zu verstecken.
- [ ] Ich kann Stille in einer Unterhaltung nicht gut ertragen.
- [ ] Vor sozialen Events kann ich nur schwer einschlafen.
- [ ] Ich bin sensibel, nehme viele Aussagen als Kritik an mir wahr und überdenke Aussagen von anderen noch Tage später.

Summe: ______________________________

Du musst niemanden beeindrucken.
Es reicht, wenn du glücklich bist.

Keine Sorge, es ist normal, gemocht, akzeptiert und nicht blamiert oder ausgelacht werden zu wollen. Sollte diese Angst dich massiv einschränken, dich von zahlreichen Erlebnissen abhalten und dir auch nachts noch Kopfzerbrechen bereiten, dann solltest du sie behandeln lassen. Grundsätzlich ersetzt dieser Test aber keine ärztliche Diagnose.

Solltest du eine soziale Phobie feststellen, ist das kein Grund zur Panik. Du hast dieses Buch in den Händen, weil du an dir arbeitest. Das ist der erste und wichtigste Schritt auf deiner Reise. Menschen können sich ändern, weiterentwickeln, ihre Ängste besiegen und noch stärker werden.

Es ist normal, gemocht werden
und Fehler vermeiden zu wollen.

0-9 Kreuze: Manche Interaktionen mit Menschen bereiten dir Kopfzerbrechen. Nicht immer bist du ein Menschenfreund, aber das ist vollkommen in Ordnung. Es gibt Situationen, die es für dich noch zu meistern gilt und in denen du mehr Selbstbewusstsein vertragen könntest. Mit der Übung kommt die Sicherheit. Du hast schon viele Ängste überwunden und wächst jeden Tag ein Stückchen mehr. Das ist großartig! Sei nicht zu streng mit dir, wir alle haben Ängste. Wir alle wollen akzeptiert und gemocht werden, das ist normal. Genau wie so manche Sorge, die dich belastet. Lasse mehr auf dich zukommen, sprich dir gut zu, nutze die Übungen in diesem Buch, und mach weiter so! Du bist großartig, so wie du bist!

10-24 Kreuze: Soziale Interaktionen belasten dich stark. Für dich ist es nur allzu oft eine Herausforderung, mit Menschen in Kontakt zu treten. Zu viel könnte passieren, was dein Selbstwertgefühl weiter in den Keller treibt. Leider kann dein Selbstvertrauen in diesen Situationen nur wachsen, wenn du bereit bist, dich diesen zu stellen. Arbeite mit positiven Glaubenssätzen, nimm Leute mit, denen du vertraust und die dich stärken können. Sprich deine Unsicherheit offen an, und nimm so manchen Patzer mit Humor. Keiner möchte zugeben, Fehler zu machen und nicht perfekt zu sein, jedoch sind wir das alle - unperfekt, fehlerhaft, menschlich. Die Sorgen, die du hast, hat auch jeder andere, so auch dein Gegenüber. Sei dir bewusst, dass deine Sorgen menschlich sind, dich schützen wollen, dich im Endeffekt aber nur zurückhalten. Lass die Angst nicht dein Leben bestimmen und Entscheidungen für dich treffen. Glaube an dich, nutze dieses Buch, und wachse über dich hinaus! Du kannst das!

4.

Übungen für mehr Selbstvertrauen

Habe Geduld, Lernen ist ein Prozess. Wachstum ist ein Prozess. Kein Haus wird an einem Tag erbaut, keine Pflanze steht gleich nach dem Einpflanzen in voller Blüte. Unter der Oberfläche ist so viel mehr als das, was du siehst. In der Erde befinden sich Wurzeln, die einen verankern, stabilisieren und erst ein gesundes Wachstum ermöglichen. Im Boden befinden sich die Nährstoffe, der Antrieb, der Rückhalt, das Leben. Manch sprießendes Karottengrün könnte zu einer kleinen Möhre gehören, jedoch könnte in der Erde auch die größte Karotte der Welt versteckt sein. Ebenso könnte ein kleiner Baum über ein größeres Netz an Wurzeln verfügen als so manch größer wirkende Pflanze. Bleibe nicht an der Oberfläche. Hier wirst du weder die Antworten noch deinen »Nährboden« finden. Wachstum passiert unterschwellig und langsam.

Nur wer nichts tut, kann auch nicht scheitern.

Die größten Versager sind die, die es nicht versuchen, weil sie Angst vor dem Scheitern haben. Nur wer nichts tut, kann keine Fehler machen, wird sich aber auch nicht von der Stelle bewegen. Der, der mutig ist und wagt (auch zu scheitern), ist derjenige, der sich bewegt und so vorankommt, siegt, lernt und vor Selbstvertrauen nur so strotzt.

Auf diese Weise bekommst du Selbstvertrauen und besiegst deine Selbstzweifel! Handle, mache, tue, lebe und wachse. Hab keine Angst vor Fehlern. Hab keine Angst, nicht gut genug zu sein. Sieh alles als Erfahrung, als Lernchance, als Mittel, um dich besser kennenzulernen und das Leben in vollen Zügen auszukosten und zu erfahren. Nutze die kurze Zeit auf Erden, die wir haben, bevor unser Herz aufhört zu schlagen. Vergeude keine Zeit mit Selbstzweifeln, Kritik und Sorgen. Mach Platz für schöne Gedanken, atemberaubende Momente, inspirierende Zukunftsvisionen und viel Liebe - für dich selbst und für andere.

Denke weniger, lächle mehr.

Übernimm die Verantwortung für dein Leben. Übernimm die Verantwortung für dein Glück. Du hast es in der Hand. Du kannst dein Leben verändern, du kannst dich verändern. Dein Leben morgen könnte komplett anders aussehen als dein Leben heute. Du musst nicht in dieser Wohnung leben, in diesem Land, diesen Job machen, diese Menschen treffen. Jeden Tag triffst du Entscheidungen. Triff auch Entscheidungen nur für dich. Werde dir bewusst, wie mächtig du bist. Das Einzige, was dich zurückhält, sind deine Gedanken.

Triff die Entscheidung,
Entscheidungen für dich zu treffen.

Die folgenden Übungen helfen dir dabei, selbstbewusst zu werden, selbstsicher aufzutreten und alle Selbstzweifel über Bord zu werfen. Probiere alle Übungen für mehr Selbstvertrauen aus, finde deine ultimativen Selbstvertrauens-Quellen und setze diese regelmäßig in deinem Alltag ein. Du wirst sehen, dein Selbstvertrauen wird wachsen!

1. AKZEPTIERE DEINE ÄNGSTE

Die Angst, zu versagen oder abgelehnt zu werden, ist normal. Wir alle haben Ängste, und diese sind bis zu einem gewissen Grad auch nützlich. Denn Angst lässt uns aufmerksam werden, wir sind konzentriert, sie liefert uns Energie. Wenn du spätabends in der Dunkelheit durch die Straßen gehst, merkst du, wie sich deine Sinne schärfen. Deine Pupillen weiten sich, damit du nichts übersiehst. Dein Gehör wird besser, damit du nichts überhörst. Deine Muskeln spannen sich an, um maximale Energie zu haben, falls eine bedrohliche Situation eintritt. Dein Körper bereitet sich vor, eine mögliche Bedrohung zu bekämpfen. Diese Reaktion des Körpers ist sinnvoll und wichtig.

Ängste zu akzeptieren
hilft dir loszulassen.

Wenn du keine Angst vor dem Tod hättest, würdest du keine Angst vor Feuer, Höhe oder spitzen Gegenständen haben. Das ist der angeborene Überlebenswille, der mit Angst einhergeht.

Hast du schon einmal Hausaufgaben in letzter Minute gemacht? Für einen Test am Vortag große Mengen an Information gelernt und dann bestanden? Dann siehst du, was du in der Lage bist zu leisten, wenn sich Angst zeigt. Ohne den Stress, ohne die Stressenergie, wäre das nicht möglich gewesen. Wärst du entspannt und gelassen gewesen, hätte dir die Energie gefehlt, um Bestleistungen zu bringen.

Angst ist angeboren und wichtig;
sie liefert dir Energie für Bestleistungen.

Angst ist gut, Angst gehört zum Leben. Angst möchte dir helfen, dir etwas zeigen, wie zum Beispiel wachsam zu sein, aufzupassen, vorsichtig zu sein, und sie liefert dir Energie, alles Bevorstehende zu meistern. Diese Energie solltest du schätzen und nutzen.

Der erste Schritt, um Ängste zu beherrschen, ist es, diese anzunehmen und zu akzeptieren.

Was möchte dir die Angst sagen?

____

____

____

Ist diese Angst berechtigt?

____

____

____

Wo spürst du die Angst im Körper?

Wie fühlen sich dagegen Sicherheit und Selbstvertrauen in deinem Körper an?

Was wirst du tun, was hilft dir, wenn die Angst auftritt?

Wie kannst du die Angst und deine Körperreaktionen darauf für dich nutzen?

____

____

____

Wovor hat deine Angst Angst?

____

____

____

2. KENNE DEINE STÄRKEN

Wenn wir uns selbst vertrauen sollen, müssen wir wissen, was wir können, wobei wir stark sind und Selbstbewusstsein ausstrahlen. Sehr oft konzentrieren wir uns nur auf das, was schlecht läuft, was wir nicht können, was fehlt - das ist sehr schade, denn jeder hat neben seinen Schwächen auch Stärken. Stärken, die dich von anderen unterscheiden, die dich besonders machen - besonders stark!

Selbstbewusstsein bedeutet, sich seiner selbst bewusst zu sein. Um dies zu erreichen, hilft es, dir bewusst zu werden, was du kannst und wer du bist.

Du verlierst nie an Stärke.
Manchmal vergisst du aber,
dass du sie hast.

Setze dich hin, nimm einen Zettel und Stift zur Hand und schreibe mindestens 15 Dinge auf, die du gut kannst: Egal ob es Zuhören, Zeichnen, räumliches Denken, Laufen, Witze erzählen, Gefühle kontrollieren, dich begeistern, andere motivieren, Empathie oder Menschenkenntnis ist. Du kannst auch gute Eigenschaften von dir notieren, diese gehören auch zu deinen Stärken, die du einsetzen kannst. Bist du hilfsbereit, ehrlich, neugierig, offen, sportlich, herzlich, leidenschaftlich, zielstrebig? Notiere deine positiven Charaktereigenschaften, und staune, wie gut es sich anfühlt, sie aufgeschrieben zu haben. Dein Selbstbewusstsein wird umgehend steigen.

Was kann ich gut?

Worin bist du besser als so manch andere?

Wofür wurde und werde ich oft gelobt?

Wofür würde ich mich selbst buchen/anstellen?

Warum habe ich es verdient, gelobt zu werden?

3. SETZE DEINE STÄRKEN EIN

Nachdem du deine Stärken notiert hast, wirst du diese im nächsten Schritt gezielt einsetzen. Du musst sie kennen, um sie auch einsetzen zu können, um darin besser zu werden und noch stärker und selbstbewusster auftreten zu können. Erst wenn du diese bewusst einsetzt, wahrnimmst und Erfolgserlebnisse hast, wirst du wahres Selbstvertrauen und Selbstbewusstsein gewinnen.

Durch den Einsatz deiner Stärken wirst du immer mehr an dich glauben, darin von außen bestärkt werden und positives Feedback erhalten. Wenn du von dir in dem ein oder anderen Bereich überzeugt bist, strahlt dies auch auf andere Lebensbereiche und Situationen aus. Wir können auch besser unsere Schwächen akzeptieren, wenn wir wissen, dass wir dafür in anderen Bereichen glänzen.

Blättere ein paar Seiten zurück, zu deinen bereits aufgeschriebenen und bewussten Stärken. Notiere dir zu jeder notierten Stärke, wo du diese einsetzen kannst.

Wo kann ich diese Stärken einsetzen?

Wo setze ich diese bereits ein?

Wo kann ich meine Stärken noch einsetzen?

Wie kann ich meine Stärken ausbauen?

____

____

____

Konzentriere dich auf drei bis fünf deiner Stärken, und versuche, täglich mindestens eine davon einzusetzen.

Reflektiere abends: Welche Stärken hast du eingesetzt? Was hast du gut gemacht? Warum? Warum nicht? Lobe dich, sei stolz darauf und überlege dir, wo du diese Stärke oder gute Eigenschaft das nächste Mal wieder einsetzen kannst. Somit gewinnst du immer mehr an Selbstvertrauen, das dir Vertrauen in dich selbst und deine Zukunft geben wird.

4. KENNE DEINE SCHWÄCHEN

Selbstbewusstsein, also sich seiner selbst bewusst zu sein, umfasst nicht nur die eigenen Stärken, sondern auch die eigenen Schwächen. Zu wissen, was man nicht gut kann, dies auch zu akzeptieren und als Teil seiner Persönlichkeit anzunehmen, ist die Kunst, die es zu lernen gilt. Menschen haben Stärken und Schwächen, sie sind nicht perfekt, machen Fehler, werden kritisiert und haben unterschiedliche Talente in die Wiege gelegt bekommen. Du jedoch bist einzigartig, niemand hat genau deine Eigenschaften, deine Erfahrungen gemacht. Für manche ist das, was dir leichtfällt, eine Qual. Deine Herausforderung ist für andere spielerisch leicht. Und das ist gut so!

Habe den Mut,
schlecht in etwas Neuem zu sein.

Schreibe deine Schwächen und negativen Eigenschaften auf.

Was fällt mir schwer?

____

____

____

Wo(rin) bin ich nicht gut?

____

____

____

Schwächen sind in Wirklichkeit nur nicht ausgebaute Stärken. In dir hast du alles, was du brauchst. Du kannst alles sein und du kannst alles lernen - nur nicht alles zeitgleich.

Du hast dich irgendwann dafür entschieden, deine wertvollen Zeit- und Energieressourcen in bestimmte Themenbereiche zu investieren, und hast andere dabei vernachlässigt. Das ist intelligentes Energiemanagement und wichtig, um präventiv gegen ein Burn-out anzukämpfen. Du kannst Schwächen zu Stärken machen, trotzdem wäre es intelligenter, das weiter auszubauen, was dir liegt und Spaß macht, um darin Experte zu werden, anstatt deine Schwächen auf ein Mittelmaß zu befördern.

Schwächen sind nicht ausgebaute Stärken.

Klug ist es, Hilfe anzunehmen von Menschen, die deine ausbaufähigen Fähigkeiten erfolgreich entwickelt haben und leben. Es ist keine Schande, sein Auto oder den Computer zu einem Spezialisten zur Reparatur zu bringen. Es ist auch okay, eine Putzhilfe zu haben sowie es okay ist, nicht die ordentlichste Person zu sein, da eine überschwängliche Kreativität schon mal für Unruhe im Haushalt sorgen kann. Jemand, der nicht gut im Smalltalk ist, kann dies lernen, wenn er möchte. Er hat sehr wahrscheinlich weniger mit Menschen in seiner Entwicklung gesprochen und die Aufmerksamkeit möglicherweise in Strategiespiele gesteckt, die ihn andere Fähigkeiten lernen haben lassen. Beim Wunsch nach Veränderung/Verbesserung braucht es Training, welches du jederzeit starten kannst. Es ist möglich, deine unterentwickelten Fähigkeiten in Stärken zu verwandeln - aber willst du deine Zeit für dies nutzen?

Wir müssen nicht alles können. Es zeugt von großer Stärke, zuzugeben, was man nicht kann, und jemanden um Hilfe zu bitten. Du musst das Spiel des Lebens nicht allein spielen. Du musst nicht allein in den Kampf ziehen – du darfst dir Unterstützung holen. Wenn du etwas nicht kannst, wenn dir etwas nicht liegt oder zu viel Energie raubt, gibt es Menschen, die diesen Teilbereich für dich übernehmen können. Somit wird dir die Last genommen, alles können zu müssen. Denn niemand kann ALLES. Diese Vorstellung ist unrealistisch und erzeugt Druck.

Wer könnte mir in diesen Bereichen helfen?

Wer hat meine Schwäche als Stärke?

5. FINDE DAS POSITIVE AN DEINEN SCHWÄCHEN

Jede gute Eigenschaft hat eine Schattenseite. Jede Schattenseite hat auch eine Sonnenseite. Das eine kann ohne das andere nicht existieren. Welche Seiten du davon siehst oder sehen möchtest, kannst nur du allein steuern. Auch wenn die positiven Seiten nicht immer sofort offensichtlich sind, sind sie dennoch zu finden. Konzentriere dich auf das Positive an deinen sogenannten Schwächen, und dein Selbstvertrauen wird deutlich steigen.

Das Leben ist kein Schwarz-Weiß-Film.

Jemand, der sehr unordentlich ist und im Chaos lebt, kann sich auf die fehlende Struktur konzentrieren oder auf seine Kreativität, Spontaneität und Flexibilität. Eine Person, die sehr ungeduldig ist, kann immer wieder den Fokus auf die mangelnde Geduld legen oder darauf, die Dinge immer positiv vorantreiben zu wollen.

Wir brauchen Menschen, die sozial sind, gute Zuhörer und auf das Wohlbefinden achten - auch wenn sie möglicherweise schwach im Neinsagen oder Grenzenziehen sind. Wir brauchen genauso Menschen, die extrovertiert, offen, begeisterungsfähig und redegewandt sind, auch wenn diese vielleicht zu schnell übers Ziel hinausschießen, sich leicht ablenken lassen, schneller handeln als denken und hin und wieder damit auch Leute verletzen. Wir brauchen Menschen, die Struktur und Ordnung lieben, zahlenaffin sind, auch wenn diesen Menschen Veränderungen schwerfallen, sie oft als gefühlskalt bezeichnet werden und schnell verunsichert sind, wenn ihre gewohnten Routinen fehlen.

Vor allem wenn uns »negative« Charaktereigenschaften zugeschrieben werden, wie zum Beispiel: »Du bist egoistisch!«, so ist dies nicht schlecht. Egoistisch zu sein heißt, auf die eigenen Bedürfnisse zu achten. Dies bedeutet, dass du ehrlich zu dir bist, auf dich hörst, das einforderst, was dir guttut. Musst du dich deswegen schlecht fühlen? Darfst du nicht sagen, was du möchtest, und dafür auch kämpfen? Ist es nicht stark und selbstbewusst von dir, deine Meinung zu äußern und auf dich zu achten?

Die Belohnung für Anpassung ist,
dass dich jeder mag
außer du dich selbst.

Jeder findet seinen Platz im Leben, mit den richtigen Menschen, die einen schätzen, im richtigen Job, bei dem die Stärken ausgelebt werden können. Uns werden die Menschen begegnen, die unsere Schwächen lieben.

Wir werden auf Menschen treffen, die unsere vermeintlichen Schwächen als Stärken betrachten werden - wenn wir es zulassen. Denn an anderen Menschen lieben wir genau die nicht perfekten Wesensanteile - ob es die Zahnlücke ist, das außergewöhnliche Lachen, die nicht zu bändigenden Haare, die Tollpatschigkeit oder das Verträumte. Auch wenn wir uns manchmal über Charaktereigenschaften und Verhaltensweisen von anderen ärgern, machen diese genau den Menschen dahinter aus, ob es die Unpünktlichkeit ist, der fast selbstzerstörerische Ehrgeiz, die unendliche Großzügigkeit oder das laute Schnarchen.

Wenn unser Umfeld damit nicht umgehen kann, sollten wir uns ein anderes Umfeld suchen, in dem man sein wahres Selbst leben kann und so angenommen wird, wie man ist.

Denn du hast es verdient, dein authentisches Ich zu zeigen und nicht für das kritisiert zu werden, was du nicht bist. Stattdessen sollten sie bemerken, was du alles bist und kannst, denn dies ist einiges!

Um uns anzunehmen oder vielleicht sogar schlussendlich lieben zu können, müssen wir uns annehmen, wie wir sind. Aber dafür ist es nicht notwendig, Fehler an sich zu suchen. Konzentrier dich stattdessen auf das Gute, das aus deinen persönlichen Herausforderungen im Leben resultiert, und lerne daraus.

Du bist einzigartig -
mit all deinen Stärken und Schwächen!

- **Ungeduld:** Der Wille, die Dinge zügig voranzutreiben. Viel Energie, Engagement und Eigeninitiative führen schneller zum Ziel.
- **Faulheit:** Die Fähigkeit, sich dem Leistungsstreben zu entziehen und einfach mal nichts tun oder leisten zu müssen. Einfach nur sein dürfen und das Leben in vollen Zügen genießen.
- **Ja-Sagen:** Die Gabe, andere wertzuschätzen, etwas Gutes tun zu wollen und so viel Liebe in sich zu haben, dass man davon etwas abgeben kann.
- **Egoismus:** Die Fähigkeit, die eigenen Bedürfnisse wahrzunehmen und auszusprechen. Die Kunst, sich der eigenen Gefühle bewusst zu sein, auf sich zu achten und sich selbst genug zu lieben, um das bestmögliche Leben zu führen.
- **Naivität:** Die vorbildliche Fähigkeit, immer das Gute im Menschen zu suchen und daran zu glauben. Sich öffnen zu können und anderen Menschen Vertrauen entgegen-

zubringen. Auch wenn man manchmal verletzt worden ist, verschließt man sich nicht.

- **Unpünktlichkeit:** Die Fähigkeit, das Leben nicht nach der Uhr zu richten. Den eigenen Rhythmus zu beachten, ganz im Moment zu sein (vieles dauert länger als erwartet) und nicht immer in der Zukunft.
- **Schnarchen:** Ein eindeutiges Zeichen, dass man noch lebt und seinem Körper einen tiefen, erholsamen Schlaf gönnt.
- **Ein gebrochener Fuß:** Die Chance, langsam und aufmerksam durchs Leben zu gehen, um mehr davon wahrzunehmen, als es die meisten jemals tun werden. Die Möglichkeit, sich in Geduld zu üben und zu beweisen, dass der Weg das Ziel ist und man auch gemütlich durchs Ziel spazieren kann.
- **Wut:** Ein Zeichen, dass die eigenen Grenzen überschritten wurden und man Energie zum Handeln zur Verfügung gestellt bekommt, um etwas zu verändern. Die Möglichkeit, Disziplin, Nächstenliebe und Eigenliebe zu üben.
- **Autopanne:** Die Chance, einmal tief durchzuatmen, nachzudenken und für Dinge dankbar zu sein, die man sonst als selbstverständlich hingenommen hat.
- **Eifersucht:** Der Beweis, wie stark die Zuneigung zu einer Person ist und wie wertvoll diese im eigenen Leben ist.
- **Fehler:** Eine großartige Übung, um besser zu werden und Neues zu lernen. Ein Weg weniger, der funktioniert hat; nur so kommt man der Lösung näher.
- **Zurückweisung:** Ein mögliches Problem weniger.

Wer sucht, der findet. Wer das Positive sucht, der findet es auch. Dies ist keine gottgegebene Gabe, es ist eine erlernbare Fähigkeit, das Positive zu sehen. Du kannst dies trainieren, um den inneren Kritiker in die Flucht zu schlagen, wenn er sich ungebeten zu Wort meldet.

Wie kann ich vermeintlich unvorteilhafte Charaktereigenschaften positiv umformulieren?

Was ist das Positive an meinen Schwächen?

Wie kann ich herausfordernde Situationen positiv umformulieren?

Was ist das Positive an den Herausforderungen?

6. ERKENNE BLINDE FLECKEN

Selbstbewusstsein heißt, sich seiner selbst bewusst zu sein, sich selbst zu kennen und anzunehmen. Da wir von uns selbst oft ein verzerrtes Bild haben, das nicht der Realität entspricht, sollten wir unser Selbstbild mit dem Fremdbild abgleichen. Eine japanische Weisheit sagt:

Der Mensch hat drei Gesichter.
Das erste offenbarst du der Welt.

Das zweite zeigst du nur deinen Vertrauten, deiner Familie und Freunden.
Das dritte kennt außer dir niemand.
Dieses ist das wahrste Abbild deiner selbst.

Bin ich wirklich egoistisch, oder empfinde nur ich das so? Vielleicht nehmen andere Großzügigkeit wahr und nicht die Eigenschaft, die du dir selbst zuschreibst. »Die Wohnung ist das reinste Chaos!«, würde der eine sagen, und ein anderer würde dort sogar vom Boden essen, weil es ihm sauber erscheint. Bin ich arrogant und unnahbar oder doch offen und selbstlos?

Manche Menschen wollen nur
die Version von dir, über
die sie die meiste Macht haben können.

In verschiedenen Lebenssituationen agieren wir auf unterschiedliche Weise und werden jedes Mal anders wahrgenommen. Unsere Wahrheit liegt irgendwo dazwischen. Es gibt nicht nur schwarz oder weiß, gut oder böse - der Großteil spielt sich im Graubereich ab, genau dazwischen. Wir sind weder nur selbstlos noch nur egoistisch. Wir machen Fehler, sind aber dadurch als Mensch nicht weniger wert. Wir beschönigen ab und zu etwas, sind dadurch aber keine notorischen Lügner. Wir verletzen Menschen durch Worte oder Handlungen, sind dadurch aber keine schlechten Menschen. Auch ein Polizist wird schon mal bei Rot über die Ampel gelaufen sein, weil er unter Zeitdruck stand. Ein Veganer wird durch seine Lebensweise nicht zum absoluten Gutmenschen, und ein Pfarrer bleibt ein Pfarrer, auch wenn er unabsichtlich einen Verkehrsunfall verursacht.

Blinde Flecken sind
dir nicht bewusste Eigenschaften.

Die eigene Wahrnehmung mit der Wahrnehmung anderer abzugleichen hilft, ein besseres, ehrlicheres, realistischeres Bild von sich selbst zu bekommen. Dabei werden viele überraschende und angenehme Themen angesprochen werden. Es kann aber auch sein, dass man sich mit negativen Aussagen beschäftigen muss. Diese Konfrontation mit den eigenen »blinden Flecken« ist aber sehr wichtig, um zu innerer Ruhe zu kommen und an Stärke zu gewinnen.

Wenn du einen Konflikt vermeidest,
um den Frieden zu wahren,
fängst du einen Krieg mit dir selbst an.

Sandra, eine Klientin, bekam von mir die Aufgabe, vier Menschen aus drei Lebensbereichen unten aufgeführte Fragen beantworten zu lassen. Die Antworten der Mutter, der Arbeitskollegin und zwei ihrer Freundinnen beschrieben jeweils einen komplett anderen Menschen. Die Person verfügte zwar über alle Eigenschaften, die genannt wurden, sie wurden jedoch anders wahrgenommen.

Unter anderem wurde geschrieben: »Du kannst leicht Freunde gewinnen.« Dies war meiner Klientin nicht bewusst, sie konnte dies sich selbst auch nicht zuschreiben, da sie es ganz anders wahrnahm. Nachdem wir die Aussage analysiert hatten, konnte Sandra erkennen, was die Freundin wahrgenommen hatte, sie aber nicht. Denn Sandra war eine sehr gute Zuhörerin, hatte eine sehr angenehme Ausstrahlung und zeigte stets Verständnis. Die Menschen mochten sie. Sandra empfand dies nicht als »Freunde machen«, sondern eher als Schüchternheit und Verschlossenheit, da sie es vorzog, wenig zu sprechen und kaum aufzufallen. Andere empfanden ihr Verhalten als wertschätzend, geerdet und freundlich. Manchmal glauben wir selbst, nicht lustig, nicht kommunikativ, nicht kreativ, nicht geduldig zu sein, aber andere nehmen uns dennoch so wahr.

Unsere eigene Vorstellung über uns selbst
entspricht oft nicht dem,
was andere wahrnehmen.

Einerseits kannst du durch die folgende Übung viele neue, gute Eigenschaften und Talente erkennen, andererseits kannst du mögliche kognitive Verzerrungen (Fehlannahmen, verzerrte Bilder) über Bord werfen und dich davon nicht weiter belasten lassen. Denn diese schmälern nur dein Selbstbewusstsein und Selbstvertrauen - und das vollkommen zu Unrecht.

Wähle fünf Menschen aus. Diese sollen folgende Fragen schriftlich über dich beantworten:

Was kann ich deiner Meinung nach gut? Was sind meine Stärken?

____

____

____

Was magst du an mir?

(optional: Was sind meine Schwächen [negativen Eigenschaften/Verhalten]?)

(optional: Was würdest du dir von mir wünschen?)

7. GEWINNE ERKENNTNISSE ÜBER DICH

Alles, was schwer für dich war, schmerzte, anstrengend war, dich ängstigte - all dies war es, was dich wachsen ließ, dich stark machte, dich zu dieser Person geformt hat, die du jetzt bist.

Vergib dir für die Dinge,
die du nicht wusstest,
bevor du sie gelernt hast.

Deine härtesten Prüfungen des Lebens machen dich stark, lassen dich lernen und verwandeln dich in einen wertvollen Diamanten. Schätze diese Ereignisse, jede unangenehme Erfahrung. Sie stehen für Wachstum, Mut und Stärke und weisen dir den Weg zu mehr Selbstachtung, Selbstvertrauen und Selbstbewusstsein.

Die stärksten und selbstbewusstesten Menschen mussten schwere Lebensprüfungen bewältigen. Diejenigen, die einen steinigen Weg hinter sich hatten, sind nun aber mit dem besten Rüstzeug unterwegs. Einerseits wird ein Rucksack mitgeschleppt, der ab und zu belastend sein kann, andererseits birgt dieser aber viele nützliche Werkzeuge, die bei neuen Herausforderungen hilfreich sein werden. Umso öfter du diese meisterst, dich deinen Ängsten stellst und dein Selbstbewusstsein trainierst, umso geübter wirst du werden. Umso entspannter und stärker wirst du auftreten, da du schon viele solcher Situationen meistern konntest.

Neues Wissen, neue Techniken, Methoden und Denkansätze lassen dich mit jedem Jahr leichter durchs Leben gehen, weil du dazugelernt hast, weil du noch mehr über dich und das Leben weißt.

Wachstum ist schmerzhaft.
Veränderung ist schmerzhaft.
Aber nichts tut mehr weh,
als an einem Ort festzustecken,
an den man nicht gehört.

Jedes Jahr wird einfacher werden, weil du mehr geschafft, gesehen, gemacht und gelernt hast. Jede bewältigte Lebensprüfung lässt dich wachsen und wird dich mehr und mehr formen. Ein Wirbelwind wird dich kaum mehr von deinem Weg abbringen oder dich ängstigen.

Welche schwierigen Situationen musste ich im Leben meistern?

____

____

Was habe ich dabei gelernt?

____

____

Wie bin ich dadurch gewachsen?

Warum war diese Erfahrung wichtig?

8. SEI MUTIG, UND STELLE DICH DEINEN ÄNGSTEN

Weil wir eben genau dann wachsen, wenn wir es schwer haben, wir Druck empfinden, Angst haben, nervös oder traurig sind, müssen wir uns in genau solche Situationen begeben. Denn nur so können wir die Angst ablegen und lernen, dass vieles, wovor wir uns ängstigen, niemals eintreten wird. Lernen, dass alles halb so schlimm ist. Lernen, eine Angst zu besiegen, um größer und stärker daraus hervorzugehen.

Denn jedes Mal, wenn du die Angst gewinnen lässt, sagst du dir unterbewusst: »Ich bin zu schwach.« Natürlich wirst du dann gefühlt ein wenig kleiner und die Angst ein wenig größer und stärker. Jede erneute Vermeidungshaltung lässt die Angst weiter anwachsen und dein Selbstbewusstsein weiter schrumpfen.

Je mehr schlechte Gedanken
deinen Kopf füllen, umso weniger Platz
bleibt für gute Gedanken.

Nimm deinen Mut zusammen, und tu es! Tu, was dir schwerfällt, mache, wobei du dich unsicher fühlst, lasse dich nicht mehr von deinen Sorgen und Zweifeln am Leben hindern. Lass all deine Ängste hinter dir, und beginne, dein Leben zu leben!

Ja, es wird schwierig. Ja, es wird hart. Ja, es wird schmerzhaft sein. Ja, du wirst scheitern. Ja, du wirst wieder aufstehen und gewinnen. Ja, du wirst in unangenehme Situationen kommen. Ja, du wirst feststellen, dass dein ausgemaltes Schreckensszenario nie genau der Realität entsprechen wird. Ja, du wirst stolz auf dich sein. Ja, du wirst dein Leben nicht mehr darauf ausrichten, deinen Ängsten aus dem Weg zu gehen. Ja, dir wird es besser gehen. Ja, du wirst dann zufriedener sein und vor allem glücklich. Du wirst dich nicht mehr ängstigen lassen und weniger (an dir) zweifeln.

Du nimmst dein Leben jetzt in die Hand. Du wirst positiv denken, und du wirst dir nun das holen, was du dir vom Leben wünschst.

Wenn wir uns erlauben,
mehr zu fühlen, erlauben wir uns,
besser zu fühlen.

Wovor habe ich Angst? Was fällt mir schwer?

Was ist das Schlimmste, das passieren könnte?

Wie wahrscheinlich ist das?

Wie gehe ich dann damit um?

Was könnte im besten Fall passieren?

In welche Situationen kann ich mich begeben, um mich meinen Ängsten zu stellen?

Wie viel mehr Freiheit und Selbstvertrauen kann ich gewinnen, wenn ich die Angst bekämpft habe?
Vier Gründe, warum ich die Angst besiegen kann:

Erstelle dir einen Angst-Bekämpfungs-Plan, mit dem du Teilschritte festlegst, um deine Selbstzweifel zu besiegen.

____

____

____

9. DENKE REALISTISCH

Sehr oft spielt unser Kopf uns einen Streich. Wir sagen uns, dass wir versagen werden, etwas nicht schaffen, nicht gut genug sind. Wir glauben, dass die Herausforderung zu groß ist, das Hindernis unüberwindbar, die Angst unbesiegbar, die Bedrohung zu nahe und unabwendbar. Zum Großteil ist das aber falsch. Unser Gehirn, vor allem das eines Kritikers, fokussiert das Worst-Case-Szenario, das im schlimmsten Fall eintreten könnte. Zu 99 % tritt dieses aber niemals ein.

Selbstzweifel töten mehr Chancen, als das Selbstvertrauen jemals erschaffen könnte..

Teile die Sorgen, Ängste und Zweifel der letzten Zeit in drei Kategorien ein. Entscheide, wie viele deiner Sorgen nie eingetroffen sind, unwichtig oder doch wichtig und notwendig waren. Verteile Prozentzahlen, sodass am Ende 100 % herauskommen.

Die Sorgen, die ich mir in letzter Zeit gemacht habe, waren:

- ☐ wichtig? ______%
- ☐ unwichtig? ______%
- ☐ sind nie eingetroffen? ______%

90% deiner Sorgen sind unnötig
oder treffen nie ein.

Nun geht es darum, unseren Kopf zu trainieren, um nicht in diesem Worst-Case-Szenario hängen zu bleiben, realistischer und optimistischer an Herausforderungen heranzugehen oder sogar zu lernen, nicht zu viel darüber nachzudenken und einfach zu machen, zu fühlen und zu erleben – völlig unbefangen.

Der Mut, glücklich zu sein,
beinhaltet auch den Mut zu scheitern.

Eine sehr wirksame Fragetechnik, die hilft, unrealistische und belastende Gedanken zu vertreiben und dein Selbstvertrauen zurückzuerobern, ist die kognitive Umstrukturierung.

Die Angstgedanken sind niemals zu 100% wahr, denn wir sind weder Wahrsager noch Hellseher und können nicht mit absoluter Sicherheit sagen, was passieren wird. Es sind mögliche Konsequenzen, unangenehme Schreckensbilder, die uns niemals das exakte Geschehen in der Zukunft zeigen werden und auch niemals die exakte Denkweise von anderen über uns abbilden lässt. Es gibt keine absoluten Aussagen, keine absolute, immer gültige Wahrheit, wenn es um Bewertungen und Interpretationen geht. Im Gegensatz zur Physik oder Mathematik gibt es hierbei nicht nur einen richtigen Lösungsweg. Somit kann bei der Frage: »Ist dieser Gedanke zu 100 % wahr?« die Antwort nur »Nein« lauten, denn diese Aussage, diese persönliche Interpretation ist nur EINE von zahlreichen Möglichkeiten, für die wir Beweise in beide Richtungen finden können. Wir werden unsere Bewertung bestätigen, aber auch widerlegen können – je nachdem, nach welchen Beweisen wir fragen.

Formuliere deinen Angstgedanken in einem Satz, z. B. »Ich kann das nicht«, »Ich bin nicht gut genug«, »Alle werden lachen«, »Ich habe Angst vor ...«. Sprich ihn aus, oder schreibe ihn nieder. Fühlst du, wie sich deine Stimmung durch diese Worte negativ beeinflussen lässt? Stelle dir dann folgende Fragen:

1. Ist dieser Gedanke hilfreich und zu 100 % wahr?

2. Warum, warum nicht? (Nenne mindestens drei Gründe.)

3. Wie lautet ein alternativer und hilfreicher Gedanke?

Mit dieser Fragetechnik lieferst du dir selbst die Gründe für dein »fehlerhaftes« Denken, das dich kleinmacht, dir Energie raubt und dich schlecht fühlen lässt. Es braucht Zeit, bis einem drei Gründe eingefallen sind, jedoch bewirkt allein die Konzentration darauf schon eine wirksame Ablenkung aus der Angstspirale. Gründe könnten sein: »Ich kann es noch gar nicht wissen«, »Ich habe schon viel geschafft«, »Das ist unrealistisch« etc. Gleichzeitig stellst du fest, dass der Gedanke nicht wahr ist, und findest alternative, hilfreiche Gedanken, die dich stark, mutig und gut fühlen lassen, wie z. B. »Ich kann das«, »Ich gebe mein Bestes«, »ICH muss mich mögen«, »Ich bin gut so, wie ich bin«, »Ich bin stark«.

Wenn die Angst tief sitzt,
musst du sie in Gedanken
viele Male gehen lassen.

Deine Gedanken werden zu Worten.
Deine Worte lassen dich fühlen.
Deine Gefühle lassen dich handeln.

Möchtest du selbstbewusst und voller Selbstvertrauen agieren, starte mit deinen positiven Gedanken, verwandle sie in Worte, und fühle die Signale deines Körpers und zu welchen Handlungen sie dich verleiten!

Übe dich nun an den drei genannten Fragen. Starte damit, deine Selbstzweifel auszuformulieren.

Ist dieser Gedanke hilfreich und zu 100 % wahr?

____

Warum, warum nicht? (Nenne mindestens drei Gründe.)

____

____

____

Wie lautet ein hilfreicher Gedanke?

____

____

10. FORMULIERE NEUE GLAUBENSSÄTZE

Wenn du alternative, hilfreiche Gedanken gefunden hast, dann sage dir diese regelmäßig vor. Wenn du dich immer wieder mit diesen positiv formulierten Sätzen beschäftigst, werden sich diese manifestieren und in deinem Kopf festsetzen, bis sie automatisch in den Angst einflößenden Situationen hervorkommen, in denen dein Selbstvertrauen dies bitter nötig hat. Diese fest verankerten Sätze nennt man auch Glaubenssätze.

Glaubenssätze haben wir alle. Sätze, die für uns die Welt erklären und unseren Glauben ausdrücken. Ob es Sätze sind wie »Ich bin dumm«, »Arbeit ist anstrengend«, »Kinder sind lästig«, »Gurken sind ekelhaft«, »Allein kann man nicht in den Urlaub fahren« etc. Wir haben festgefahrene, erlernte Glaubenssätze zu allen Themen, ob es Ernährung ist, die Lebensweise, Sauberkeit, Menschen, Schule, Kleidung ... und auch über uns. Wir glauben zu wissen, was und wer wir sind und was nicht. Diese über Jahre entwickelten Denkmuster gelten für dein Leben, nicht für das anderer.

Schau nicht immer wieder auf deine Vergangenheit - du lebst dort nicht mehr.

Wenn diese Glaubenssätze uns zurückhalten und nicht hilfreich für das eigene Selbstvertrauen sind, dann ist es an der Zeit, sie zu ändern! Denn die richtigen Glaubenssätze über dich und das Leben machen dich selbstbewusst.

Neue Glaubenssätze verankerst du, indem du dir zu deinen Herausforderungen passende, neue Glaubenssätze notierst. Diese solltest du dir tagtäglich vor Augen führen.

Du kannst sie täglich lesen (auch mehrmals), du kannst diese jeden Abend niederschreiben oder dir aufsprechen und anhören. Innerhalb weniger Minuten wird sich deine Gefühlslage positiv verändern. Nach ein bis zwei Wochen wirst du sichtlich entspannter, selbstbewusster und mutiger sein.

Hier findest du Beispiele für Glaubenssätze, die dich zu mehr Selbstvertrauen und Selbstbewusstsein führen.

Ich bin stark.
Nichts kann mich aufhalten.
Ich liebe mein Leben.
Meine Meinung ist wichtig.
Ich erlaube mir, loszulassen.
Ich bin dankbar, auf dieser Welt zu sein.
Jeder neue Tag ist eine neue Chance.
Das Leben hat noch so viel Gutes mit mir vor.
Ich werde jeden Tag stärker, besser und mutiger.
Ich akzeptiere mich mit all meinen Fehlern.
Jeder Fehler ist eine Lernchance und bringt mich voran.
Ich vergebe mir selbst und allen anderen.
Alles Negative prallt an mir ab.
Ich vertraue dem Universum.
Ich werde meinen Weg finden.
Ich gehe selbstbewusst auf Menschen zu.
Menschen mögen mich und schätzen meine Anwesenheit.

Es gelingt mir jeden Tag besser, die positiven Dinge zu sehen.
Ich kann alles schaffen, was ich will.
Ich glaube an mich.

Glaubenssätze helfen,
einen anderen Blick auf die Welt zu bekommen,
auf dich und dein Leben. Nutze dies!

Schreibe dir vier bis sechs Glaubenssätze auf. Schreibe diese täglich einmal ab oder sprich sie dir vor.

11. MACHE DIE SUPERMAN-POSE

Wie sehen selbstbewusste Menschen aus? Wie sehen schüchterne Menschen aus? Stelle es dir bildlich vor.

Du wirst merken, dass selbstbewusste Menschen eine andere Körperhaltung an den Tag legen. Je nachdem wie du dich fühlst, wird es dein Körper den anderen zeigen. Lässt du den Kopf und die Schultern hängen, versteckst dein Gesicht, wackelst unruhig mit den Füßen umher, dann werden das andere sehen und manche vielleicht sogar ausnutzen.

Stell dir vor, zwei Schüler sitzen vor dir. Der erste Schüler wirkt selbstbewusst, mit geradem Rücken und direktem Blickkontakt. Der zweite sitzt mit hochgezogenen Schultern unruhig vor dir und meidet jeglichen Augenkontakt. Wer, glaubst du, hat mehr gelernt? Wer zeigt mehr Selbstvertrauen? Wer ist für dich selbstbewusster? Auch wenn beide gleich viel wissen, würde der erste Schüler eine bessere Note bekommen, da wir ihm unterbewusst durch seine Körpersprache und sein Selbstvertrauen mehr zutrauen - denn er traut sich das auch zu, das symbolisiert zumindest sein Körper.

Deine Gedanken beeinflussen deinen Körper,
dein Körper beeinflusst deine Gedanken.

Du kannst deine Körperhaltung bewusst verändern und dich dadurch besser, stärker und selbstbewusster fühlen. Denn wenn du weißt, wie diese (deine) Körperhaltung auf andere wirkt, kannst du den Effekt nutzen, um als selbstbewusst wahrgenommen zu werden und Selbstvertrauen auszustrahlen.

Du richtest dich äußerlich auf, machst dich groß, nimmst Platz ein und wirst automatisch auch innerlich groß. Durch die veränderte Haltung wirst du dich, werden sich deine Gedanken und Gefühle positiv verändern. Du wirst dich anders fühlen - stark und selbstbewusst. Du wirst dich so fühlen, wie dein Körper es dir signalisiert und zeigt.

Beeinflusse aktiv deinen Körper und (zeitgleich) unterbewusst deine Gedanken.

ÜBUNG

Stelle dich vor einen Spiegel. Ziehe die Schultern nach oben und fest nach hinten, sodass du deine Rückenmuskeln spürst. Gesäß anspannen, gerader Rücken, Kopf hoch. Nun stemme deine Arme in die Seite, lächle - mache die Superman-Pose. Stell dir vor, dein Cape flattert im Wind, du blickst über die Dächer und spürst deine Superkräfte in jeder Faser deines Körpers. Du bist stark, ein Held, unbesiegbar! Übe diese Pose so oft es geht, wann immer du an einem Spiegel vorbeikommst.

Du wirst sehen, wenn du diese Haltung immer öfter einnimmst, wird dir auffallen, wie groß du auf einmal wirkst, wie gerne du dich »groß« fühlst und auffallen möchtest. Du wirst nicht nur als selbstbewusst wahrgenommen, sondern dich auch so fühlen: voller Selbstvertrauen.

12. NIMM DEM VERSAGEN DIE BEDEUTUNG

Fehler, Versagen, Ablehnung - all das ist nicht schlimm. Jeder erlebt dies. Wir können nicht vermeiden, Fehler zu machen, auch zu scheitern oder zurückgewiesen zu werden. Aber ist dies wirklich so schlimm? Wie bedeutsam ist dieses Problem in fünf Jahren? Wie wichtig ist es in zehn Jahren?

Mit der Zeit nimmt die Seele
die Farbe deiner Gedanken an.

Erinnerst du dich noch an deine Zeugnisnoten? Hat eine schlechte Note dein Leben beeinflusst? Wenn du einen Korb von einem Menschen bekommst oder auch Kritik - ist das wirklich wichtig für dein weiteres Leben? Verändert es dein Leben in den nächsten fünf Jahren? Wie viel Bedeutung hat die heute nicht sitzende Frisur in den nächsten Jahren? Wird ein schiefer Blick von einem Nachbarn deine Zukunft nachhaltig beeinflussen?

Die Antwortet lautet meist: Nein, es ist unbedeutsam, unwichtig und hat keinerlei Einfluss auf deine Zukunft. Und genauso solltest du es sehen und auch fühlen. Es sollte dir gleichgültig sein und dich nicht weiter beschäftigen. Und schon gar nicht sollte es dein Selbstvertrauen und Selbstbewusstsein beeinflussen.

Warum sollten wir uns aufregen oder schlecht fühlen für etwas, was in naher Zukunft derartig unbedeutend sein wird?

Wie wichtig ist es in fünf Jahren?

Wie wichtig ist es in zehn Jahren?

Hat/Wird es dein Leben verändern?

Worum geht es im Leben wirklich?

Was möchtest du am Lebensende zu dir sagen?

13. ÜBE DICH IM FEHLERMACHEN

Fehler sind nicht schlimm, sie zeigen uns nur einen Weg auf, der nicht funktioniert hat, und lassen uns lernen. Du brauchtest unzählige Anläufe, bis du im zarten Kindesalter endlich gehen konntest. Du hast es immer wieder versucht, bist hingefallen und wieder aufgestanden. Stell dir vor, du hättest aufgegeben, weil es nicht gleich geklappt hat. Du hättest niemals laufen gelernt. So war es auch beim Sprechen. Die ersten Worte waren unverständlich. Kinder lassen sich aber nicht von Fehlern aufhalten. Sie haben nämlich noch nicht gelernt, dass Fehler als schlecht gelten und gesellschaftlich nicht akzeptiert sind. Sie sind neugierig, offen und voller Forscherdrang. Sie entdecken die Sprache, das Turmbauen, Purzelbäume und vieles mehr. Angst vor Fehlern ist nicht vorhanden. Sie wollen die Welt erkunden und verstehen. Wenn sie einen Turm bauen und dieser umfällt, konzentrieren sie sich nicht auf ihr vermeintliches Scheitern, sondern wollen herausfinden, warum das passiert ist. Sie bauen den Turm wieder und immer wieder - bis sie den Grund für das Umfallen gefunden haben.

Wir alle sollten uns, wenn es um das Fehlermachen geht, an Kindern ein Beispiel nehmen. Einfach machen, daraus lernen, entdecken und neugierig sein.

Fehlermachen kann man auch üben. Man kann üben, Fehler als etwas Gutes und Hilfreiches zu sehen. Dies funktioniert einerseits mit Glaubenssätzen (»Fehler sind eine Lernchance«, »Jeder Fehler führt mich näher an mein Ziel«), aber auch mit gezieltem »Fehler-Training«.

Fehler machen (aka akzeptieren)
kann man lernen.

Der Mensch ist ein Gewohnheitstier. Wenn du öfter Fehler machst, werden sie dir mit der Zeit nicht mehr wehtun. Du gewöhnst dich daran, dass das Scheitern und Versagen zum Leben dazugehört. Dich wird kein Fehler mehr aus der Bahn werfen.

Denn Fehler sind nur schlimm, wenn wir diese nicht erwarten, als schlecht ansehen und unserem Versagen zuschreiben. Der innere Kritiker möchte keine Fehler zulassen. Er möchte keine Angriffsfläche für die Kritik anderer Menschen bieten. Wenn wir Fehler aber bewusst machen, dann sind diese nicht schlimm. Dann sehen wir, dass kein Fehler an sich schlimm ist oder wichtig genug, um uns das Selbstvertrauen zu rauben. Stattdessen lernen wir, unsere Bewertung von Fehlern, unsere Einstellung ihnen gegenüber zu ändern.

Überlege dir, wie du deinen Tag so »fehlerhaft« wie möglich gestalten kannst. Hier einige Ideen zum Fehlermachen, um sich seinen Ängsten zu stellen und einen besseren Umgang mit Ablehnung, Scham und Perfektionismus zu bekommen.

- Verschütte etwas.
- Stelle eine Frage mit einer offensichtlichen Antwort.
- Mache Rechtschreibfehler in E-Mails und Textnachrichten.
- Gib zu, etwas nicht zu können.
- Begrüße jemanden mit falschem Namen.
- Wirf absichtlich daneben.
- Verliere bei einem Spiel.
- Patze beim Trinken und Essen.
- Schneide bzw. bereite dein Essen unschön zu/vor.
- Lade jemanden in dein unordentliches Zuhause ein.
- Trage ein nicht zusammenpassendes Outfit.
- Trage zerknitterte oder beschmutzte Kleidung.
- Poste ein weniger schönes Bild von dir.
- Sprich ein Wort falsch aus.
- Gehe ungekämmt aus dem Haus.

- Komme zu spät.
- Besuche einen Kurs oder gehe einer Aktivität nach, die neu für dich ist.
- Lasse von jemand anderem deine Bestellung tätigen (Kaffee, Essen etc.).
- Lasse von jemand anderem deine Abendgestaltung planen.
- Beschwere dich lautstark.
- Tätige eine Bestellung und storniere diese dann.
- Lächle fremde Menschen an.
- Mache Unbekannten ein Kompliment.
- Grüße Fremde auf der Straße.
- Frage im Geschäft nach Hilfe.
- Nimm einen anderen Weg zur Arbeit (Bus, Bahn, Rad, zu Fuß etc.).
- Rufe jemanden an, den du sonst nie anrufst.
- Vergiss beim Einkaufen das Geld.
- Lade dir kaum bekannte Menschen nach Hause ein.
- Äußere deine Meinung, ohne diese zu begründen.
- Weise jemanden auf einen Fehler oder Patzer hin, und übe dich in Kritik.
- Lasse dich auf eine Diskussion mit jemandem ein, bei dem du weißt, dass er anderer Meinung ist.
- Lasse etwas Peinliches zu Hause oder am Arbeitsplatz herumliegen.

Plötzlich ist es gar nicht mehr so leicht, Fehler zu machen. Es ist sogar so, dass du das meiste davon trotzdem gut machen wirst, was dein vorsätzliches Scheitern erschwert. Du wirst dich immer mehr daran gewöhnen, auch Fehler zu machen, ohne dich dafür zu schämen. Wenn wir bewusst Fehler machen und darauf achten, nicht perfekt zu sein, verlieren Fehler ihre Bedeutung.

Ich habe nicht versagt.
Ich habe nur 10 000 Wege gefunden,
wie es nicht geht.

THOMAS A. EDISON
BEIM ERFINDEN DER GLÜHBIRNE

Nenne zehn Dinge, die du in dieser Woche bewusst falsch machen möchtest.

Versuche, jeden Tag mehr Fehler zu machen, mindestens drei pro Tag. Du darfst auch offen sagen, dass du dich im Fehlermachen übst – dies ist keine Schande.

Frage dich nach einer Woche: Wie sehr bringen mich Fehler noch aus der Fassung? Wie sehr stören mich diese noch nach dem Fehlertraining?

14. SPRICH UND DENKE GUT ÜBER DICH

Wie wir bereits gehört haben, müssen vor allem wir selbst uns die Liebe und Anerkennung geben, die wir von unseren Eltern nicht erfahren haben. Wir müssen uns selbst lieben und schätzen - in jeder Situation, mit all unseren Stärken, aber auch Schwächen.

Sehr oft schleichen sich negative, bewertende Gedanken in unseren Kopf. Wir machen uns selbst klein, kritisieren uns, beschimpfen uns sogar, weil wir nicht perfekt sind. Das muss aufhören - sofort! Denn was bringt es, außer dass man sich schlecht fühlt und das Selbstbewusstsein schwindet? Nichts!

Eltern sehen in Kindern das,
was sie sein könnten,
und nicht deren aktuelle Situation.

»Wie blöd ich nur bin«, »Ich bin viel zu ängstlich dafür«, »Ich werde niemals stark und selbstbewusst sein« - würdest du mit deinem Freund so sprechen? Mit deinem Kind? Was würde einer Freundin in dieser Situation guttun? Was würdest du zu deinem Kind sagen, wenn es mal versagt? Würdest du ihm auch das Selbstvertrauen rauben wollen und das Selbstbewusstsein willentlich zerstören? Oder würdest du ihnen gut zureden, sie aufmuntern und alles in die Wege leiten, um diejenige Person aufzuheitern?

Es ist nie zu spät,
deine Meinung über dich zu ändern.

Denke an eine Situation, in der du starke Selbstzweifel hattest und dir mehr Selbstvertrauen und Selbstliebe gewünscht hättest. Beantworte nun folgende Fragen:

Was sage ich (gedanklich) zu mir? Was denke ich über mich?

___

Würde ich so mit einem geliebten Menschen sprechen?

___

Was würde ich in dieser Situation zu einem Freund/meinem Kind sagen?

___

Wie würde ich versuchen, meinen Freund/mein Kind aufzuheitern?

___

Was brauche ich in dieser Situation? Was tut mir gut?

---

15. STREICHE DAS WORT »MUSS«

Bewusst den eigenen Selbstgesprächen zu lauschen und auf die Wortwahl zu achten bringt dich einen Schritt weiter. Du siehst, wie liebevoll du mit dir umgehst oder wie streng. Vor allem verwendet der innere Kritiker gerne das Wort »muss«. »Ich muss das schaffen«, »Ich muss das gut machen«, »Ich muss ...«

Nur wer sich ändert, bleibt sich treu.

Das Wort »müssen« beschreibt eine Pflicht, die nur einen möglichen Ausgang akzeptiert. Alles andere wäre dann verfehlt, nicht richtig, falsch. Das wiederum erzeugt Druck. Es gibt nur Schwarz oder Weiß, Gewinnen oder Versagen – dazwischen ist nichts. Genau das ist aber ein grundlegender Denkfehler! Denn in den meisten Fällen befinden wir uns genau dazwischen. Perfekt oder komplett daneben sind wir in den seltensten Fällen. Meistens befinden wir uns innerhalb eines breiten Spektrums zwischen diesen beiden Polen.

Andere Gedanken führen
zu anderen Gefühlen
und Taten.

Es hilft, das Wort »muss« zu streichen und zu ersetzen. Zum Beispiel könntest du stattdessen »Ich will ...«, »Ich möchte ...«,

»Ich darf …« verwenden. Eine andere Wortwahl führt dazu, den Sinn des Satzes zu verändern und deine Gefühle noch dazu. Versuche es!

Schreibe die Worte des inneren Kritikers auf.

Was sagt der innere Kritiker zu dir? Was MUSST du ihm zufolge tun oder sein?

Wie fühlen sich diese Worte an?

Ersetze das Wort »müssen« durch »sollen«, »dürfen« und »wollen«.

Wie fühlen sich die Worte des inneren Kritikers nun an?

Kündigt sich der innere Kritiker wieder an, denke an das folgende chinesische Sprichwort:

Achte auf deine Gedanken,
denn sie werden zu Worten.
Achte auf deine Worte,
denn sie werden zu Handlungen.
Achte auf deine Handlungen,
denn sie werden zu Gewohnheiten.
Achte auf deine Gewohnheiten,
denn sie werden zu Charaktereigenschaften.
Achte auf deine Charaktereigenschaften,
denn sie werden dein Schicksal.

16. SETZE DIR ZIELE, UND ERREICHE SIE

Um zu sehen und zu spüren, dass du stärker wirst, dir selbst vertrauen kannst und dadurch immer mehr Selbstvertrauen erlangst, musst du dir Ziele setzen und diese auch erreichen. Nur wer sich Ziele setzt, kann diese erreichen und daran wachsen. Du wirst stolz sein, wenn du ein dir gestecktes Ziel erreicht hast, denn es beweist dir, dass du nicht nur das, sondern noch viel mehr schaffen kannst.

Wenn du erreichst,
was du dir vorgenommen hast,
fängst du an,
an dich zu glauben.

Ziele geben den Weg vor, sie geben dir Motivation und nach dem Erreichen mehr Selbstbewusstsein. Wenn du dir keine Ziele setzt, kannst du auch nichts erreichen und nimmst dir selbst die Möglichkeit, das wunderbare Gefühl des Erfolgs auszukosten. Stelle dich dem Risiko zu scheitern, lerne den Umgang damit und fühle den Stolz, wenn du es erfolgreich meisterst.

Setze dir zunächst kleine Ziele, die du auch definitiv erreichen kannst, um dich dann langsam zu steigern. Starte zum Beispiel damit, den Wecker morgens nicht wegzudrücken, einmal in der Woche spazieren zu gehen, einen Abend zu lesen, jeden Tag ein neues Wort auf Spanisch zu lernen, auf zumindest eine Tasse Kaffee am Morgen zu verzichten. Offenbar unwesentliche Ziele, die dir vielleicht lächerlich vorkommen, aber trotzdem Selbstdisziplin und einen starken Willen erfordern. Diese Kleinigkeiten reichen aus, um dich stärker fühlen zu lassen und größere Wünsche angehen zu können.

Ein mögliches Ziel könnte sein, jemandem lange in die Augen zu sehen, die Superman-Pose zu machen, jeden Tag drei Highlights zu finden, sich jeden Tag etwas Gutes zu tun, sich jeden Tag einmal zu loben, sich jeden Tag im Small Talk zu üben, jemanden anzulächeln. Du kannst dir vornehmen, eine Woche lang zuckerfrei zu leben, eine Minute lang kalt zu duschen oder ein Vogelhaus zu basteln. Längerfristige Ziele können eine gute Partnerschaft sein, das Gründen einer Familie, Gesundheit, Reisen in ferne Länder, stetig zu wachsen und Wissen zu erlangen.

Fordere dich heraus! Beweise dir selbst, wie stark du bist. Setze dir jeden Tag ein Ziel, und erreiche es. Sei stolz auf dich!

Welches Ziel möchtest du dir für morgen setzen?

Was möchtest du heute noch erreichen?

Was sind deine Ziele für diese Woche/diesen Monat?

Welche großen Lebensziele hast du?

Wie wirst du dich fühlen, wenn du diese erreicht hast?
Stell es dir vor!

Wenn du siehst, dass du das, was du dir vornimmst, auch erreichen kannst, fängst du an, an dich zu glauben. Du wirst nicht nur die Ergebnisse sehen und fühlen, du wirst auch innerlich wachsen, selbstbewusster werden und Selbstvertrauen finden.

Ohne Aktion keine Resultate.
Ohne Einsatz kein Gewinn.

17. LIEBE DICH, UND BELOHNE DICH

Gut über dich zu denken und zu sprechen steht ganz am Anfang, wenn es um Selbstvertrauen und Selbstbewusstsein geht. Dennoch sollte das Ganze auf einer höheren Ebene angesiedelt werden. Dies kannst du, indem du dich regelmäßig belohnst, deine Erfolge wahrlich feierst, zelebrierst und somit noch mehr Selbstbewusstsein gewinnst. Alles, was gut läuft, gehört nicht nur ausgesprochen oder aufgeschrieben, es gehört mit einer passenden Belohnung noch ausdrücklich hervorgehoben. Ob es ein entspannendes Bad ist oder dir etwas zu kaufen, was du dir schon länger gewünscht hast, ein gutes Essen, eine Massage, eine Stunde Freizeit, deine Lieblingsserie, ein gemütlicher Abend mit Freunden, ein Glas Wein oder ein Stück Schokolade.

Sei stolz auf dich,
belohne dich,
liebe dich.

So wie Konditionierung bei Hunden, Katzen und Kindern funktioniert, so wirkt sie auch bei dir. Wenn die Erfahrung gemacht wird, dass ein bestimmtes Verhalten belohnt wird, sind wir gewillt, diese Anstrengung gerne in Kauf zu nehmen, um ein weiteres Mal eine Belohnung zu erhalten. Das Kind bekommt von der Lehrerin für die gut erledigte Hausaufgabe einen Sticker ins Heft. Pablo, ein zuckersüßer Terrier-Mix, hört gerne auf die Kommandos der Herrin, weil er seine Leckerlis liebt. Willenskraft und »gute« Handlungen werden belohnt. Dieses Wissen, diese Neubewertung eines Verhaltens wird abgespeichert, und der Wunsch nach Wiederholung entsteht ganz automatisch.

Wenn du dich für selbstbewusste, mutige Handlungen belohnst oder auch für das Durcharbeiten der Selbstvertrauens-Übungen in diesem Buch, wirst du nicht nur dein Ziel erreichen, Spaß haben und wachsen, du wirst auch automatisch positive Gewohnheiten entwickeln.

Trotzdem solltest du dich nicht nur lieben, wenn du ein Ziel erreicht hast. Auch wenn es mal nicht klappt, du dich aber bemüht hast, darfst du gut zu dir sein. Das Leben ist da, um es zu leben und zu lieben – vor allem DICH zu lieben, immer, bedingungslos. Das, was du am wenigsten nötig hast, falls es nicht klappt, ist es, getadelt zu werden.

Sei nicht böse auf dich, bestrafe und beschimpfe dich nicht. Du bist und bleibst liebenswert, auch wenn du mal scheiterst. Ein Fehltritt, eine schlechte Note oder eine Zurückweisung machen dich nicht zu einem anderen Menschen. Dein Wert sinkt deshalb nicht. Nimm dich an. Sei offen. Betrachte die Abweichungen wertfrei, reflektiere, denke darüber nach und schiebe diese nicht zur Seite. Mach weiter, glaube an dich und setze dir neue Ziele. Sei stolz auf dich, nach jedem Schritt, den du gewagt hast. Freu dich über deine Fortschritte. Lasse es zu, den Stolz zu fühlen, und sei stets gnädig zu dir. Denn du hast es verdient, gut behandelt zu werden - vor allem von dir.

Liebe dich selbst -
bedingungslos.

Mache dir eine Liste mit Aktivitäten und Dingen, die dir guttun, mit denen du dich belohnen kannst.

Wie kannst du dich belohnen?

___

___

Wie kannst du dir Liebe zeigen?

___

___

Wie zeigst du anderen, dass du sie liebst?

18. MACHE ERFOLGE SICHTBAR

Evolutionär bedingt bleiben schlechte Erfahrungen eher in Erinnerung als gute. Dies hat die Natur so eingerichtet, damit wir unser Leben nicht gefährden. Wir sollen uns leidvolle Momente verinnerlichen, um diese in Zukunft zu vermeiden und - im Endeffekt - um zu überleben. Wenn jedoch der Schmerz tief sitzt und Situationen immer wieder vermieden werden, werden sie unweigerlich größer und haben dich in der Hand.

Niemand leidet gerne, niemand hat gerne Schmerzen. Ängste und Selbstzweifel sind unangenehme Gefühle, aber sie sind auszuhalten. Es geht vielmehr darum, sich den unangenehmen Gefühlen zu stellen - es zuzulassen, die Scham, die Angst, Wut, Enttäuschung oder Hilflosigkeit zu fühlen. Lasse die Gefühle zu, um die Angst davor zu verlieren. Wenn du dies geschafft hast, wirst du bei den herausfordernden Situationen nicht mehr das Leid vor Augen haben, sondern das Gute und Schöne daran. Erst dann werden die wunderbaren Gefühle nicht mehr vom Schatten der Angst überdeckt.

Der Körper fühlt, was die Augen sehen möchten und der Verstand glauben will.

Wir müssen uns selbst dazu anhalten, das Positive zu sehen und nicht den Fokus auf den trüben Schleier von Sorgen und Zweifeln zu richten - denn dahinter verbergen sich die größten Schätze. Konzentriere dich auf das Gute. Steuere deine Aufmerksamkeit bewusst, lenke diese auf deine Erfolge, auf die Chancen, und kreiere angenehme Zukunftsbilder, um die schönen Gefühle in dir zu wecken, dich zu motivieren und zu stärken.

Sehr oft vergessen wir auch, wie viel Gutes uns an einem Tag passiert ist, was wir geschafft haben, welche Erfolge wir erzielen konnten, was wir gelernt haben, und wo wir Glück hatten. Denn das sind die Ereignisse, die uns Selbstvertrauen in uns selbst und unser Leben geben. Triff nun die bewusste Entscheidung, das Gute in deinem Leben zu sehen und auch zu suchen.

Glücklichsein ist eine Entscheidung.

Versuche eine Zeit lang täglich abends vor dem Schlafengehen den Tag Revue passieren zu lassen und bewusst auf das Positive zu achten. Dies kann ein leckeres Essen gewesen sein, dass du einer Dame über die Straße geholfen hast, ein lustiger Witz, ein nettes Wort eines Kollegen, eine erledigte Aufgabe, eine neue Erkenntnis oder ein schönes Gespräch. Tagtäglich passieren gute Dinge, tagtäglich lernst du Neues, tagtäglich wächst du, erledigst Aufgaben, kommst voran und wirst stärker. Jeden Tag gibt es genügend Bestätigungen für dich, um an dich zu glauben, an deine Talente und Fähigkeiten, an dein Glück im Leben und an deine schöne Zukunft.

Was habe ich heute gut gemacht?

____

____

Was habe ich gelernt?

____

____

Welche drei guten Dinge sind mir heute passiert?

____

____

Konserviere deine Erfolgs- und Glücksmomente

Gestalte dir eine Box, Dose oder Schachtel. Immer wenn dir etwas Gutes passiert, du etwas gut kannst, dir etwas Freude bereitet hat, du stark oder mutig warst, du eine schöne Erinnerung nicht vergessen willst - schreibe es auf einen Zettel, und wirf ihn in die Box. Am Jahresende - oder wenn du starke Selbstzweifel hast oder unzufrieden bist - öffne sie. Immer wenn du eine Portion Mut nötig hast, ziehe Zettelchen heraus, und führe dir vor Augen, wie viel Gutes dir auf deinem Weg schon widerfahren ist. Hole die Glücksmomente hervor, durchlebe deine Erfolge ein weiteres Mal, hole alle bestärkenden Gedanken und Gefühle über dich zurück. Nach einem Jahr kannst du die Box, Schachtel oder Dose ganz leeren. Sieh dir an, was dir alles passiert ist. Wie viel Gutes es doch war! Du kannst diese Zettelchen auch weiterhin aufheben, chronologisch nach Jahreszahl ablegen oder in ein Buch oder auf ein Plakat kleben.

Nun hast du deine Glücksmomente schriftlich, kannst dich daran festhalten und Selbstbewusstsein gewinnen. Mache deinen Fortschritt sichtbar und jederzeit greifbar, somit wird dein Selbstvertrauen einen gewaltigen Schub bekommen, und zwar immer, wenn du ihn benötigst - du musst nur deine Box öffnen.

Schlechte Gedanken nehmen den guten Gedanken den Platz weg.

Was waren deine glücklichsten Momente im letzten Jahr?

____

____

Welche Erfolgserlebnisse hattest du im letzten Jahr?
Welche im vorletzten?

---

19. ERNTE GLÜCK, INDEM DU GLÜCK SCHENKST

Selbstvertrauen und Selbstbewusstsein entwickeln sich vor allem in jungen Jahren durch das Lob der Eltern. Später geschieht dies durch die Bestätigung von außen, von anderen Menschen.

Mit einer gesunden Portion Selbstvertrauen ist man wesentlich glücklicher, gesünder und ein angenehmerer Zeitgenosse. Wir können anderen - und gleichzeitig uns selbst - helfen, wenn wir mehr positive Worte in die Welt hinaustragen. Einfach mal jemanden loben, ein Kompliment machen und nette Worte äußern. Deine Stimmung verbessert sich. Du bist glücklich und dein Gegenüber auch. Ein positiver Effekt, der sich fortsetzen wird, der dich stärkt und dir erfreuliche Aufmerksamkeit sowie Selbstbewusstsein geben wird.

Glücklichsein ist ansteckend.

Hast du schon mal gehört, dass Lachen ansteckend ist? Ja, genauso ist es mit dem Glücklichsein oder dem Äußern von freundlichen Worten, dem Wertschätzen von Leistung etc. Wir spiegeln andere. Das, was du bekommen möchtest, musst du vorher säen. Lobe andere, und sie werden anfangen, dich zu loben. Gönne anderen ihr Glück, freu dich mit ihnen, und sie werden sich mit dir freuen.

Neid und Missgunst bringen weder dich noch andere voran. Nicht jeder kann dir derartig viel zurückgeben - aber glaube mir, du wirst die Person beeindrucken, und sie wird noch länger über dich und deine schönen, seelenstreichelnden Worte nachdenken. Wenn jemand nicht (zurück-)geben kann, dann gibt es gute Gründe dafür. Für diese Gründe solltest du Mitleid empfinden, aber weder Hass noch Ablehnung. Wenn jemand deine gute Tat nicht schätzt, ist das kein Zeichen für einen schlechten Menschen, sondern ein Zeichen für persönliche Probleme, die schwerwiegend sind und keinen Spielraum für Wertschätzung zulassen.

Was nicht zu unserem Weltbild passt,
wird ausgeblendet.

Es könnte sein, dass die Person das Lob nicht annehmen kann, weil die Person meint, dass dies nicht zum eigenen Selbstbild passt und somit nur gelogen ist. Es kann sein, dass die Person derartig viele andere Baustellen hat, dass kein Platz ist für neue Denk- oder Handlungsweisen, da der Fokus auf anderen Dingen liegt, die Energie dorthin fließt. Scheuklappen sowie ein eingeschränktes Wahrnehmungsspektrum sind die Folge, wodurch deine guten Worte nur peripher wahrgenommen werden. Geh trotzdem davon aus, dass du dem Menschen ein Vorbild warst. Geh davon aus, dass du jemandem den Tag verschönert oder vielleicht sogar gerettet hast. Habe keine Erwartungen an das Verhalten anderer Menschen. Sei aber zuversichtlich, dass du auf die ein oder andere Weise Gutes vom Universum zurückbekommen wirst.

Erwartungen erhöhen die Chance,
unzufrieden zu sein.

Da glückliche Menschen gerne geben, und es auch menschlich ist, etwas zurückgeben zu wollen, wirst du mit der Zeit merken, wie positiv Menschen auf dich reagieren, du immer mehr Worte der Anerkennung und Wertschätzung zurückbekommst. Dies lässt dein Selbstvertrauen und Selbstbewusstsein stetig wachsen.

Aufwärtsspiralen sind
einfach in Gang zu setzen.

Setze dir folgendes, leicht zu erreichendes Ziel, das eine gewaltige Auswirkung auf dein Leben und deine Lebensqualität haben wird.

Mache täglich zwei Komplimente: Eines dir, mit dem du dich für deine Erfolge lobst. Mindestens eines jemand anderem. Nette Worte zu verteilen tut nicht weh. Wie wenig Aufwand doch hinter derartig viel gutem Gefühl steckt.

Wem könntest du ein Kompliment machen oder etwas Gutes tun?

Wie könntest du der-/demjenigen den Tag verschönern?

---

20. SETZE EIN GEWINNERLÄCHELN AUF

Wenn jemand lacht, wissen wir, dass alles gut ist und keine Gefahr droht. Jeder wird gerne angelächelt. Wir sehen selbst gerne in lächelnde Gesichter, denn das beruhigt uns und bringt auch uns zum Lachen. Versuche doch mal, in ein lachendes Gesicht zu schauen und selbst nicht zu grinsen - ganz schön schwer.

Lächeln macht glücklich.

Wenn du deine Mundwinkel nach oben ziehst, werden deine Lachmuskeln aktiviert. Diese drücken dann auf bestimmte Nervenbahnen, die wiederum das Gehirn veranlassen, Glückshormone auszuschütten. Somit kann sogar ein aufgesetztes, unechtes Lachen zum Glückszustand führen. Wenn du lachst, sogar wenn du dich dazu zwingst, werden Glückshormone ausgeschüttet, die nicht nur beruhigend wirken, sondern auch aktivierend, und dein Selbstvertrauen beeinflussen. Du fühlst dich schlagartig ruhiger, bist munterer und fühlst eine angenehme Wärme in dir. Dieser entspannte Zustand deines Körpers wird dir helfen, gelassener zu sein, weniger kritisch und ängstlich.

Man kann nicht lächeln
und gleichzeitig Angst empfinden.

Plötzlich sieht die Welt auch ganz anders aus, einfach nur, weil du lachst, weil dein Körper Dopamin, Serotonin und Endorphine produziert. Also lächle dich an. Lache, sooft es geht. Lache jeden Tag! Du kannst es dir als Aufgabe stellen, jeden Morgen einen Witz zu lesen, dir in der Mittagspause ein lustiges Youtube-Video anzusehen oder dich auf der Toilette jedes Mal im Spiegel anzulächeln. Wenn du es dir zum Ziel setzt, Spaß zu haben, wirst du bei allen Aktivitäten im Alltag Freude finden können. Nimm diese Herausforderung mit einem Gewinner-Lächeln an. Lächle andere, sowie dich selbst, immer mit einem selbstbewussten, strahlenden Lächeln an.

Wie fühlst du dich auf einer Skala von 1 (schlecht) bis 10 (sehr gut)?

1 2 3 4 5 6 7 8 9 10

Schau in den Spiegel und lächle dich eine Minute lang an.

Wie fühlst du dich nun?

1	2	3	4	5	6	7	8	9	10

Man kann nicht lächeln und sich gleichzeitig Sorgen machen. Probiere es aus! Schaffst du es, Angst zu haben und zu zweifeln, während du lächelst?

____

____

____

21. MACHE DICH SCHÖN

Es gibt Tage, da sehen wir in den Spiegel und mögen nicht, was wir sehen. An anderen Tagen finden wir uns schön und begehrenswert. Und das, obwohl immer dieselbe Person vor uns steht.

Kleider machen Leute.

Sicherlich kennst du das Gefühl - du kaufst dir neue Kleidungsstücke und fühlst dich wie neugeboren, schön, stark und selbstbewusst. Nicht die neue Kleidung ist dafür verantwortlich, sondern wie du dich selbst siehst. Du selbst bescheinigst dir, durch die neue Kleidung schön und begehrenswert zu sein. Dieser Gedanke löst dazu passende Gefühle aus wie Glück und Zufriedenheit.

Wenn du dich wohl und schön fühlst, strahlst du das auch aus. Du wirst dich zunehmend trauen, zu sprechen, in den Mittelpunkt zu treten, deinen Standpunkt zu vertreten, und dich wertiger und stärker fühlen. Du zeigst, was du über dich denkst. Wenn es derartig kleine Hilfsmittel sind, die es dir ermöglichen, selbstbewusst aufzutreten, solltest du nicht darauf verzichten.

Kleine Pillen können Krankheiten heilen.
Kleine Veränderungen können dich heilen.

Uns gut und selbstbewusst zu fühlen schaffen wir mit der richtigen Kleidung. Ob es ein schickes Kleid ist, elegante Schuhe, ein kuscheliger Pullover, hochwertiger Schmuck oder eine angesagte Frisur - kümmere dich um dich. Sei es dir wert, dir zu gefallen. Vor allem bei Frauen hat das eine gewaltige Wirkung - mit hohen Schuhen ist man einen Kopf größer, zeigt eine weiblichere Figur, einen selbstbewussten Gang und fühlt sich auch innerlich stärker und schöner. Auch bei einem Mann können ein schickes Hemd, ein Anzug oder neue Schuhe das Auftreten und Charisma verbessern.

Du wirst Stolz empfinden, und deine Ausstrahlung wird sich schlagartig verändern. Eine Shoppingtour kann zu neuem Selbstbewusstsein verhelfen und deinen gefühlten Selbstwert steigern.

Wie selbstbewusst fühlst du dich gerade?

In welcher Kleidung fühlst du dich wohl?

In welcher Kleidung siehst du dein selbstbewusstes Ich?

Ziehe diese Kleidung an und betrachte dich im Spiegel.

Wie selbstbewusst fühlst du dich jetzt?

---

22. ÜBE DICH IM BLICKKONTAKT

Da die Angst, abgelehnt zu werden, zu den sozialen Phobien gehört und zum Großteil für geringes Selbstbewusstsein verantwortlich ist, gilt es, diese zu besiegen. Wir müssen uns unseren Ängsten stellen, neue Erfahrungen mit den Angst einflößenden Situationen machen, um die schrecklichen Szenarien zu vertreiben und sie durch schöne, neue Erlebnisse austauschen zu können.

Das bedeutet, wenn wir Angst haben, von Menschen abgelehnt zu werden, müssen wir uns der Gegenwart anderer Menschen so lange aussetzen, bis wir genügend positive Erfahrungen gesammelt haben, um diese Angst ablegen zu können.

Blicke sagen mehr als Worte.

Du sollst sprichwörtlich der Angst in die Augen sehen. Tausche die Angstgedanken gegen das Beobachten deines Gegenübers aus. Konzentriere dich nicht auf dich, auf deine körperliche Nervosität oder deine Zweifel, sondern auf dein

Gegenüber. Was könnte diese Person denken? Wie verhält sich diese Person? Versuche dich im Gedankenlesen. Beobachte, nimm wahr und halte vor allem den Blickkontakt. Versuche, jedes Detail wahrzunehmen.

Wenn du den Blickkontakt halten kannst, wirst du merken, wie unsicher dein Gegenüber wird, was dir wiederum Stärke verleiht. Du wirst erkennen, dass andere auch Unsicherheiten haben. In den Augen anderer kann man ganz viel entdecken und ablesen, was in ihnen vorgeht.

Verhalte dich selbstbewusst, indem du deinem Gegenüber tief in die Augen siehst.

Augen sind die Wächter der Seele.

Übung 1

Versuche, sooft es geht und so lange wie möglich Blickkontakt zu halten. Stelle dir selbst eine Challenge. Starte mit 3 Sekunden und steigere dich auf 5, 6, 7, 8, 9 Sekunden, Augenkontakt zu halten.

Du wirst sehen, dass andere dich selbstbewusster wahrnehmen werden und du dich auch selbst selbstbewusster fühlen wirst. Gewöhne dir an, einen intensiven, langen Blickkontakt zu haben, denn das zeichnet Menschen mit viel Selbstvertrauen aus.

Anfangs kannst du im Kopf leise mitzählen, bis es zu einer festen, selbstbewussten Gewohnheit geworden ist. Wenn du schon zu den Fortgeschrittenen zählst, dann kannst du Blickkontakt mit fremden Menschen herstellen, diese anlächeln oder sogar ansprechen.

Übung 2

Versuche, jeden Tag jemanden anzusprechen – ob es der Taxifahrer ist, der Mann im Bus, die Dame an der Ampel, ein Kind auf dem Spielplatz. Grüße diese Person, mache ihr ein Kompliment, oder stelle eine Frage (»Geht es hier zu …?«, »Könnten Sie mir die Uhrzeit sagen?«).

Zu Beginn wirst du noch Scham verspüren und die Angst, abgelehnt zu werden. Mit der Zeit wirst du aber immer selbstbewusster auf Menschen zugehen, da du festgestellt hast, dass die meisten Menschen positiv auf dich reagieren. Daher ist deine Angst unbegründet, irrational und unnötig belastend. Du wirst neue, positive Erfahrungen dazu sammeln können, die dein Selbstvertrauen pushen und deine Angst endgültig verschwinden lassen.

23. REDE LAUT, LANGSAM UND DEUTLICH

Selbstbewusste Menschen sprechen laut. Sie wollen gehört werden und schämen sich nicht, wenn sie sich versprechen oder auch mal Blödsinn von sich geben. Persönlichkeiten mit Selbstvertrauen sagen, was in ihnen vorgeht. Sie stehen hinter ihren Worten, sind klar und deutlich.

Wer stark ist, kann sich erlauben,
leise zu sprechen.

Deine Meinung ist wichtig. Deine Worte dürfen gehört werden. Um dich selbstbewusster zu fühlen und auch so auf andere zu wirken, sprich laut und deutlich.

Übung

Bevor du morgens das Haus verlässt, sprich deine Glaubenssätze (siehe S. 185) laut aus.

Du darfst dabei gerne übertreiben und diese sogar fast schreien. Ziel ist es, sich immer mehr an die eigene laute Stimme zu gewöhnen, die gehört werden soll und dadurch auch gehört wird. Auch hierbei ist Training essenziell. Versuche jeden Tag, etwas lauter und deutlicher zu sprechen.

Auch die Sprechgeschwindigkeit entscheidet, wie dich andere Menschen wahrnehmen. Wenn du schnell und mit hoher Stimme sprichst, wirkst du unsicher. Wenn du dich langsam, laut und deutlich ausdrückst, dann wirst du als gelassen, selbstsicher und gefestigt wahrgenommen. Du kannst auch bewusst theatralische Pausen beim Sprechen machen, in denen du deinem Gegenüber in die Augen blickst und lächelst. Somit lenkst du noch mehr Aufmerksamkeit auf dich, was dein Selbstbewusstsein stärkt. Übe dich also auch im langsamen Sprechen - denn jedes deiner Worte ist wichtig und soll beim Gegenüber ankommen.

Zu Beginn wird es sich komisch anfühlen, sich laut zu äußern und gehört zu werden. Du wirst dich aber daran gewöhnen und es sehr zu schätzen wissen.

Verständnis ist nichts
anderes als die durch die Sprache
verursachte Wahrnehmung.
THOMAS HOBBES

Du darfst dabei lernen, dass deine Meinung wichtig ist und gehört werden soll. Du wirst lernen, wie es ist, wenn sich die Aufmerksamkeit auf dich richtet, und im Mittelpunkt zu stehen. Hier heißt es auszuhalten, zu lernen, sich der Angst zu stellen und weiterzuwachsen.

24. ACHTE AUF HÄNDE UND RÜCKEN

Du hast schon die Superman-Pose (siehe S. 188) kennengelernt und geübt. Das universelle Gedankenbild für einen selbstbewussten Menschen: gerader Rücken, erhobener Kopf, Hände in die Hüften gestemmt, breitbeiniger Stand. Denn die Körperhaltung sowie deine Gestik und Mimik sind zu 97% dafür verantwortlich, was beim Gegenüber ankommt. Der Inhalt selbst spielt nur eine untergeordnete Rolle. Egal, was du sagst, wie du es sagst - es ist viel wichtiger, was dein Körper dabei zeigt.

Überlege mal, wo sich deine Hände die meiste Zeit befinden und wie deine Körperhaltung im Alltag aussieht. Symbolisiert sie Selbstvertrauen?

Dein Körper hört, was dein Kopf sagt.

Übe dich, deine Hände stets sichtbar zu halten, nicht verschränkt oder in der Hosentasche. Wenn du dir unsicher bist, wo diese hinsollen, stemme deine Hände in die Hüfte, nimm Raum ein und festige damit deinen Stand.

Sicherlich kennst du jemanden, der immer mit gekrümmtem Rücken und gesenktem Kopf herumläuft. Was denkst du über ihn? Was für eine Person wird das wohl sein? Was wird bei diesem Menschen im Kopf vorgehen? Der Körper verrät, was der Kopf denkt. Trainiere, mit einem geraden Rücken zu gehen und zu sitzen, den Bauch anzuspannen, die Schultern nach hinten und unten zu ziehen.

Wenn du deine Körperhaltung veränderst, ändert sich nicht nur das Bild, was andere von dir haben, sondern auch deine persönliche Gefühlslage - du fühlst dich automatisch stärker und selbstbewusster.

Übung

Stelle dir eine Erinnerung und schreibe dir Notizzettel, die dich an deine Körperhaltung erinnern.

25. GEHE STOLZ UND SELBSTBEWUSST

Jeder kennt jemanden, der immer mit gesenktem Kopf durch die Welt läuft, die Füße nicht richtig hebt, einen schlurfenden Gang hat. Vielleicht kennst du auch jemanden, der seinen Weg hastig mit vielen kleinen Schritten zurücklegt.

Ein selbstbewusster Gang ist ein aufrechter Gang. Die Schritte sind weder langsam noch schnell, jedoch groß genug, um viel Weg zurückzulegen. Selbstbewusst zu gehen bedeutet, zielgerichtet zu gehen. Der Gang sagt viel über die Persönlichkeit aus - achte auf den Gang deiner Arbeitskollegen, von Kindern, deinen Eltern, von Fremden auf der Straße - welche Charaktereigenschaften würdest du ihrem jeweiligen Gang zuschreiben?

Wenn du auf Schritte und Bewegungen achtest, wirst du wahrnehmen und erkennen, was sich dahinter verbirgt - bei dir selbst, aber auch bei anderen. Eine Schulkollegin kam fast immer in die Klasse gerannt - langsames Gehen kannte sie nicht. Einerseits zeigte dies ihre Ungeduld, ihre Unsicherheit, die Energie der Angst und ihren rastlosen Verstand. Depressive Menschen neigen dazu, die innerliche Schwere auf den Gang zu übertragen. Die Füße werden mehr nachgezogen als bewusst gesetzt. Der Kopf ist eingezogen, weil man am liebsten verschwinden würde. Die Körpersprache zu lesen und den Zusammenhang von Gedanken und Verhalten zu erkennen birgt eine neue bunte Welt voller Erkenntnisse und Klarheit.

Der Kummer, der nicht spricht,
nagt leise an dem Herzen, bis es bricht.
WILLIAM SHAKESPEARE

Übung

Mache große Schritte, gehe aufrecht und übe einen selbstbewussten Gang, der dir innere Stärke verleiht und auch auf andere so wirkt.

Übe einen selbstbewussten Gang vor dem Spiegel. Nutze dafür auch Schaufenster und andere große, spiegelnde Flächen, um dein Auftreten zu üben und dich an deinen selbstbewussten Gang zu erinnern.

Du kannst dich auch filmen, um einen besseren Eindruck von deiner Gehgeschwindigkeit und Haltung zu bekommen.

26. ATME RICHTIG

Eine schnelle Atmung haben wir, wenn wir Angst haben oder sehr gestresst sind. Eine ruhige Atmung haben wir, wenn wir entspannt und selbstsicher sind. Der Atem wird schneller, um mehr Sauerstoff in den Körper zu transportieren. Diesen Sauerstoff braucht das Gehirn, aber vor allem die Muskeln, um mehr Energie zur Verfügung zu haben.

Unser Körper reagiert auf unsere Gedanken. Aber auch unser Kopf reagiert auf die körperlichen Warnzeichen. Wenn du merkst, dass dein Atem schnell geht, du zitterst oder sich deine Muskeln anspannen, dann verstärkt dein Kopf die auslösenden Angstgedanken. Körper und Kopf stehen in Wechselwirkung zueinander.

Wenn wir unseren Körper kontrollieren, vor allem unsere Atmung, ist es also möglich, uns besser zu fühlen.

Sei stärker als
deine stärkste Ausrede.

Übung

Atme tief durch die Nase ein, halte kurz den Atem, und atme so langsam wie möglich aus. Verlangsame bewusst deine Atmung, und achte darauf, was dies mit deinem Körper und Geist macht. Wiederhole das fünf Mal.

Wie geht es dir nach der Atemübung?

____

____

Hast du bemerkt, wie du plötzlich innerlich viel ruhiger und gelassener warst? Einfach nur, weil du deinen Atem verlangsamt hast. Dies kannst du jederzeit anwenden, ob im Auto auf dem Weg zur Arbeit, vor einer wichtigen Präsentation, einem Kundengespräch oder einem Date. Auch abends, wenn das Kreisen deiner Gedanken dich nicht einschlafen lässt, verhilft dir die bewusste Verlangsamung des Atems bei der Entschleunigung der Gedanken.

Zusätzlich kannst du zu dieser Atemtechnik auch ein Mantra oder einen Glaubenssatz sprechen. Zum Beispiel könntest du sagen oder denken: »Ich atme alle Zweifel aus - und Selbstbewusstsein ein«, »Ich atme Anspannung aus - und Entspannung ein«, »Ich bin stark«, »Ich bin gut genug«, »Ich liebe mich«. Ein positives Mantra hilft, die Gedanken besser im Griff zu haben und schneller den gewünschten Effekt zu erreichen.

Kontrolliere deinen Atem,
um deine Gedanken zu kontrollieren.
Verlangsame deinen Atem,
um auch deine Gedanken zu verlangsamen.

---

27. DRÜCKE DIE RICHTIGEN KÖRPERPUNKTE

Akupressur wird seit über 5000 Jahren praktiziert und ist eine anerkannte Therapieform der Traditionellen Chinesischen Medizin (TCM). »Druck-Akupunktur« übt hauptsächlich Druck mit den Fingern aus und gilt deshalb als sanfte Therapieform. Das Drücken bestimmter Körperpunkte hilft, Energieblockaden zu lösen und die Einheit zwischen Körper, Seele und Geist wiederherzustellen.

Hier findest du hilfreiche Punkte, um zu mehr Stärke, Mut und Gelassenheit zu gelangen.

- **Notfallpunkt:** Dieser Punkt wirkt Wunder und kann vor herausfordernden Situationen in Sekunden Stress und Angst vertreiben. Der sogenannte »Notfallpunkt« liegt in der Mitte der Handinnenfläche. Drücke mit starker, aber angenehmer Kraft mithilfe deines Daumens 20–30 Sekunden die Mitte deiner Handinnenfläche. Wechsel danach zur anderen Hand. Du wirst merken, dass das Drücken auf einer Seite effektiver ist als auf der anderen. Wiederhole dies, sooft du möchtest und bis sich dein Körper und Geist beruhigt haben.
- **Schwertfortsatz:** Den Brustpunkt gegen Stress findest du oberhalb des Bauchnabels. Der sogenannte »Schwertfortsatz« liegt dort, wo die Knochen des Brustbeins zusammenlaufen. Streiche mit Zeige- und Mittelfinger mindestens drei Minuten lang kräftig nach oben.
- **Göttliche Gleichmut:** Setze dich hin und lege beide Hände locker auf die Knie. Dort, wo der Ringfinger jetzt liegt, findest du den Punkt »Göttliche Gleichmut«. Streiche mit den Fingern einige Minuten sanft nach unten, bis du entspannt und ruhig bist.
- **Yangbai:** Auf der Stirn, oberhalb der Augenbraue, massiere leicht mit deinen Fingern in kreisenden Bewegungen gegen den Stress.
- **Nei guan:** Dieser Punkt wird auch als das »innere Passtor« bezeichnet. Drücke am Handgelenk, etwa zwei Daumen breit unterhalb der Handflächenunterkante, diesen Punkt rund eine Minute, und atme dabei tief ein und wieder aus. Wiederhole den Vorgang so lange, bis Druck und Anspannung abfallen und du Gelassenheit verspürst.
- **Solarplexus:** Halte die Hände nah am Körper zwischen Herz und Bauch, etwas über dem Bauchnabel. Drücke die Handflächen auf dieser Höhe aneinander, sodass sich alle Fingerkuppen berühren. Kreuze die Daumen. Atme tief

durch die Nase ein und langsam wieder aus. Damit aktivierst du deine Willensstärke und fühlst dich stark durch die Aktivierung deines Solarplexus-Chakras (»Manipura«).

- **Wurzelchakra:** Setze dich gemütlich hin. Berühre mit deinem Daumen den Zeigefinger derselben Hand und forme einen Kreis (wie beim Meditieren). Lege deine Hände entspannt auf die Knie, während du weiterhin einen Kreis mit dem Daumen und Zeigefinger formst. Drücke Daumen und Zeigefinger leicht zusammen. Spüre den leichten Druck, den du ausübst. Beobachte deinen Atem, und versuche ruhig, langsam und bewusst zu atmen. Das Wurzelchakra beruhigt und stärkt dich zugleich. Du fühlst dich in der Lage, alles zu bewältigen und zu überleben.
- **Drittes Auge:** Balle eine leichte Faust mit beiden Händen auf Brusthöhe. Der Daumen bleibt dabei außen und ist sichtbar. Lege die beiden sanft geballten Fäuste aneinander, sodass sich die Fingerbeugen berühren. Strecke beide Zeigefinger dabei aus und presse diese leicht aneinander. Versuche, ein schönes Dreieck mit deinen Zeigefingern zu bilden. Der Druck auf den Zeigefinger ist etwas stärker als der auf den Fingerbeugen, diese berühren sich nur leicht. Mit dieser Übung aktivierst du deine Konzentration, zapfst deine Weisheit an und schärfst deine Intuition durch die Aktivierung des dritten Auges.

Das Drücken bestimmter Körperpunkte (Druck-Akupunktur) hilft dir, dich zu entspannen und Stress zu vertreiben.

Probiere alle genannten Körperpunkte aus. Atme dabei am besten tief durch die Nase ein und aus. Mache die Übungen jeweils mindestens zwei Minuten lang, wenn du Zeit hast auch gerne 10–15 Minuten, und versuche deren Wirkung auf dich, deinen Körper und deinen Geist wahrzunehmen.

Für jeden ist ein Punkt oder eine Handstellung wirkungsvoller als die andere. Wähle die Art der Selbst-Akupressur, die für dich am besten wirkt. Verankere diese für eine Zeit lang fest in deinem Alltag, am besten frühmorgens nach dem Aufstehen. Natürlich kannst du sie auch direkt vor Situationen anwenden, in denen du Ruhe und Selbstbewusstsein nötig hast, und den Effekt für dich nutzen. Diese Punkte wirken auch bei Grübelei, Schlafstörungen, innerlicher Unruhe und Stress.

Übung

Wende den Druckpunkt täglich direkt nach dem Aufstehen an und starte entspannt und voller Selbstvertrauen in den Tag.

Krisen sind Angebote des Lebens,
sich zu wandeln.
LUISE RINSER

28. GEWINNE GEDANKLICH

Wenn du weißt, dass eine herausfordernde Situation auf dich zukommen wird, bei der du eine extra Portion Selbstvertrauen benötigst, kannst du diese vorab gedanklich durchspielen, bewältigen und somit Selbstvertrauen gewinnen.

Wenn du in Gedanken gewinnen kannst,
kannst du auch im wahren Leben gewinnen.

Beschreibe die Situation. Was könnte passieren?

Wie möchtest du dich verhalten?

Was könntest du sagen?

Wie wirst du dastehen?

Welche Herausforderungen könnten auf dich zukommen?

Wie wirst du mit den Herausforderungen umgehen?
Was machst du?

Wie kannst du die Situation gut ausgehen lassen?

Beobachte dich genau von außen. Versuche bei deinen Gedankenspielen, die Situation nicht nur aus deiner Sicht zu erleben, sondern versuche auch öfter, dich als Außenstehender dabei zu beobachten. Dies ermöglicht dir einen anderen Blickwinkel, eine frische Sicht auf die Dinge und wird dir einige neue Erkenntnisse bringen.

Dieses »Trockentraining« kann zum Beispiel bei Prüfungsangst, Angst vor einer Präsentation, Unsicherheit beim Kennenlernen neuer Menschen oder beim Ausprobieren neuer Aktivitäten eingesetzt werden.

Alles, was dir im wahren Leben schwerfällt, kannst du vorab in Gedanken ausprobieren und durchleben. Somit fällt es dir leichter, dies in der Realität umzusetzen.

Besiege die Herausforderung gedanklich.

Spiele diese Szenarien immer wieder durch - bis sich das mögliche Ereignis nicht mehr Angst einflößend, neu oder schwierig anfühlt. Dann beginne, es umzusetzen.

Je öfter du im Trockentraining Herausforderungen bewältigst, desto weniger bedrohlich scheinen diese zu werden. Denn wenn wir wissen, was auf uns zukommt, weil wir die Situation immer wieder durchspielen und einen positiven Ausgang heraufbeschwören, glauben wir nicht nur an einen positiven Ausgang und erwarten ihn in der Realität, sondern erfahren durch eine bereits bekannte Situation (alles Neue macht Angst) mehr Selbstvertrauen.

29. ROLLENTAUSCH

Manchmal fällt es uns schwer, uns selbst als starke, selbstbewusste Person zu sehen. Wenn wir zu weit von dieser Vorstellung entfernt sind und nicht einmal gedanklich auf unser Selbstvertrauen bauen, wird es in den konkreten Situationen schwer möglich sein. Hier hilft eine Vorstellungsübung, um aus gewohnten Denk- und Verhaltensmustern auszubrechen, Selbstvertrauen zu gewinnen und Selbstbewusstsein auszustrahlen.

Übung

Denke an eine Person, die du als besonders selbstbewusst empfindest - eine Person, die durch nichts aus der Fassung gebracht wird, stets überzeugt ist von sich selbst und dem eigenen Sieg. Es kann eine fiktive Person aus einer Serie, Film oder Buch sein oder eine Person, die du persönlich kennst. Stelle dir eine herausfordernde Situation vor, und versetze die gewählte Person in dieses Szenario. Beobachte diese Person genau:

Wie ist der Blick?

____

____

Wie ist die Körperhaltung?

____

____

Was könnte diese Person sagen?

Wie sagt sie es?

Was könnte diese Person denken?

Wie handelt die Person?

Da wir selbst oft zu gewohnten Strategien greifen, hilft diese Übung, ein größeres Denk- und Handlungsspektrum zu bekommen. Wie kann ich noch reagieren? Was kann ich mir von anderen absehen, nachmachen oder als Inspiration nehmen?

Es ist auch leichter, eine Person nachzuahmen, als sich selbst ein anderes Verhalten abzuverlangen. Stelle dir vor, du bist ein Schauspieler und verhältst dich deiner Rolle entsprechend. Plötzlich kannst du viel leichter ein neues Verhalten zeigen. Es ist nicht nur hilfreich, sondern auch sehr lustig, sich in andere Menschen und fiktive Personen hineinzuversetzen.

Wie könnte Homer Simpson reagieren, sprechen und handeln? Wie würden dies Oma oder Opa lösen? Was würde ein Kind machen oder sagen? Was würde ein Serienmörder denken und tun?

Wir müssen bereit sein,
uns von dem Leben zu lösen,
das wir geplant haben,
damit wir das Leben finden,
das auf uns wartet.

JOSEPH CAMPBELL

Es gibt so viel mehr Möglichkeiten zu reagieren, zu denken – probiere es aus!

30. TRÄUME UND NUTZE FANTASIEREISEN

Fantasiereisen sind gelenkte Tagträume. Mit deiner Vorstellungskraft erzeugst du Bilder im Kopf. Allein die Vorstellung ruft dieselben Gefühle wie im wahren Leben hervor. Es reicht oft aus, eine Angst in der Vorstellung zu besiegen, ein Ziel in einem Tagtraum zu erreichen und Herausforderungen gedanklich zu meistern.

Alle Spitzensportler wissen, dass mentales Training mindestens genauso wichtig ist wie das körperliche Training. Wenn ein Marathonläufer für den nächsten Wettkampf trainiert, dann zählt zu diesem mindestens einmal täglich die Visualisierung des Zieleinlaufs, das Vorstellen der Strecke in Gedanken, das Passieren der Routenpunkte und die gedankliche Bewältigung der Erschöpfung.

Nicht jedem fällt es leicht, sich derartig positive Tagträume vorzustellen. Deshalb können passende Fantasiereisen helfen. Es gibt nicht nur die »klassischen«, bekannten Entspannungsgeschichten, sondern auch tiefgehende Traumreisen, die helfen, Ängste zu bekämpfen, den Umgang mit Gefühlen zu lernen, Kraft und Mut zu schöpfen, sich selbst anzunehmen, den Stoppknopf für schlechte Gewohnheiten zu drücken, alte Muster aufzulösen sowie Liebe und Geborgenheit zu fühlen.

Weil ich genau das bei vielen Klienten, bei Jung und Alt, bemerkt habe, habe ich selbst Fantasiereisen geschrieben, die genau die Problemfelder gedanklich bearbeiten. (Ein Beispiel dafür findest du am Ende dieses Buches.) Fantasiereisen können dir sehr gut helfen, mehr Selbstvertrauen in dich und deine Fähigkeiten zu bekommen.

Fantasiereisen setzen dir Bilder und
Worte in den Kopf, die du selbst nicht vermagst,
dir vorzustellen.

---

31. NIMM DIR REGELMÄSSIG EINE AUSZEIT

Auf uns allen lastet sehr viel Druck, wir müssen in den verschiedensten Lebensbereichen Leistung erbringen. Angefangen bei der Arbeit oder in der Schule, in der Partnerschaft, bei der Kindererziehung, im Haushalt, sogar bei den Hobbys und bei dir selbst. Wir glauben, alles ständig perfektionieren zu müssen, die Arbeit hört nie auf.

Deshalb brauchen wir regelmäßig eine Auszeit. Eine Zeit, in der wir nichts leisten müssen, in der wir einfach nur da sind, wahrnehmen, nichts tun, außer zu atmen und zu leben. Hierbei kann Meditation Wunder bewirken.

Übung

Suche dir einen angenehmen Platz und stelle einen Timer auf fünf Minuten. Setze dich gemütlich hin, wenn du magst im Schneidersitz. Versuche den Rücken aufrecht zu halten, um möglichst tief atmen zu können. Finde einen geeigneten Platz für deine Hände. Wenn du möchtest, lege sie auf deine Füße, oder drücke sie sanft im Bereich deiner Brust aneinander. Schließe die Augen. Nun konzentriere dich auf deinen Atem, beobachte ihn. Nur beobachten, nicht verändern. Lasse Gedanken kommen und gehen. Bewerte nicht, urteile nicht, sei einfach da. Beobachte. Es werden Gedanken hochkommen, Bilder, Gefühle - nimm sie an, und lass sie weiterziehen, bleibe nicht daran hängen.

Zu Beginn ist diese einfach klingende Übung sehr schwer. Deshalb starte zunächst mit nur ein paar Minuten Meditation. Danach kannst du dich auf 10, 15, 30 Minuten steigern, je nachdem, wie sehr du es brauchst und wie viel Zeit du dafür hast.

Einfach mal nichts tun.

Es ist wissenschaftlich bewiesen, dass Meditation die seelische Gesundheit positiv beeinflusst. Die berühmten fernöstlichen Klöster der Shaolin-Mönche sind das beste Beispiel dafür. Sie meditieren stundenlang, täglich, um dann allein mit der Kraft ihrer Gedanken über glühende Kohlen zu laufen und Bretter mit der Hand zu zerschlagen. Und das ganz ohne körperliches Training.

In einem gefährlichen Bezirk in San Francisco hat eine Schule verpflichtende Meditation eingeführt. Zweimal am Tag gibt es für 15 Minuten die sogenannte »quiet time« (ruhige Zeit). Die Schüler schließen die Augen, sitzen ruhig an ihren Plätzen und atmen. Alle machen mit, da sie wissen, dass es ihnen guttut. Anfangs wollten die Lehrer ihre Unterrichtszeit nicht opfern, als sie jedoch gesehen haben, welche Auswirkungen die Meditation auf die Schüler, deren Konzentration und Arbeitsleistung hatte, waren sie begeistert. Vier Jahre später gab es messbare Resultate: 79 % weniger Schulverweise, 98 % mehr Anwesenheit und eindeutig bessere Noten. Und so wurde nicht nur die Gewalt an der Schule wesentlich weniger, auch im gesamten Stadtgebiet wurden weniger Raube und Morde verzeichnet.

Neben der verpflichtenden täglichen Meditation gab es auch einen Meditationsraum. Ein Junge dieser Schule hatte seine Eltern bei einem Raubüberfall verloren. Damals wurde er immer sehr aggressiv, wenn er traurig war. Wenn er nun Traurigkeit verspürt, sieht man ihn ruhig und in sich versunken im Meditationsraum sitzen.

Gedanken kommen und gehen lassen.
Gefühle wahrnehmen und loslassen.

Erst wenn du Meditation über einen längeren Zeitraum in dein Leben integrierst, wirst du den Einfluss feststellen, den diese Übung auf deinen Körper und Geist ausübt. Du wirst selbstbewusster, stärker, gefasster und innerlich ruhig und gelassen sein. Du hast sowohl dich als auch deine Gedanken und Gefühle besser im Griff. Das sollten genug Gründe sein, um der Meditation einen festen Platz im Alltag einzuräumen.

32. SEI DEIN PERSÖNLICHER MODERATOR

Wenn sich der innere Kritiker in deine Gedanken einschleicht, hole deinen inneren Cheerleader hervor. Dieser wird dir Worte der Anerkennung und Wertschätzung mit einer Portion Humor in dein Leben bringen und dein Selbstbewusstsein stärken.

Übung

Sei heute den ganzen Tag der Moderator und Kommentator deines persönlichen Lebens.

Wie ein Sportkommentator bei einem Fußballspiel kommentierst du alles, was du machst. Ob du den Kaffee erfolgreich in die Tasse gießt, den Brief mit Schwung in den Briefkasten wirfst, die Wohnung saugst, eine Nachricht versendest - über jede Tätigkeit wird spannend berichtet. Du feuerst dich an, feierst deine Siege laut, denn dein Leben ist aufregend, und jedes Detail ist es wert, kommentiert und gelobt zu werden.

Dadurch richtest du nicht nur die Aufmerksamkeit darauf, was du alles an einem Tag erledigst, sondern wirst auch viel mehr Spaß bei allem haben. Die negativen Gedanken deines inneren Kritikers haben dadurch keinen Raum, und dein selbstbewusstes Ich kommt zum Vorschein.

Sei Moderator deines eigenen Lebens - kommentiere jede Handlung, feuere dich an.

Wenn du damit beginnst, deine Gedanken laut auszusprechen, wirst du sehen, was in dir vorgeht. Es ist ähnlich wie beim Niederschreiben - dir wird nun viel bewusster, was dir durch den Kopf geht. Ausgesprochene Worte haben eine klare Botschaft, du wirst dies nun besser wahrnehmen, fühlen und schlussendlich nutzen können.

Ein weiterer Aspekt bei der »Moderator«-Übung ist es, dass du dich daran gewöhnst, laut zu sprechen. Du sagst klar, was in dir vorgeht - dies darfst du in Zukunft auch in der Anwesenheit anderer Menschen machen. Dir wird es daraufhin leichter fallen, deine Meinung zu äußern, laut zu sprechen und im Mittelpunkt zu stehen. Du gewöhnst dich an den Klang deiner Stimme und wirst merken, wie sich dein Tonfall bei verschiedenen Gedanken und Gefühlen verändert. Du kannst auch beginnen, mit deiner Stimme zu spielen. Du wirst sehen, dass sich laut ausgesprochene Worte, vor allem, wenn diese dich bestärken und anfeuern, besser verankern lassen.

33. SEI DANKBAR, IMMER

Dankbar zu sein für das, was man hat, ist der Weg zu einem zufriedenen Leben. Wir legen den Fokus nicht auf das, was schlecht läuft, wo wir versagt haben oder versagen könnten -

nein, wir legen den Fokus auf das, was bereits gut läuft, was wir können, schon erreicht haben, was wir in diesem Augenblick alles haben. Und glaub mir - das ist einiges.

Jedoch haben wir uns an die Umstände bereits gewöhnt, wir schätzen alltägliche Dinge nicht mehr, und auch unseren Fortschritt sehen wir nicht. Kannst du dich noch daran erinnern, als du nicht laufen konntest? Nicht selbstständig essen konntest? Als du noch keinen Führerschein hattest? Als du das Multiplizieren noch nicht beherrscht hast? Du hast gewaltige Fortschritte gemacht, so viel schon gelernt, dir so viel erarbeitet. Sei stolz darauf! Und sei stolz darauf, was für ein Glück du hattest, überhaupt das Licht der Welt erblickt zu haben. Du bist eines von 10 000 Spermien gewesen - doch das schnellste und beste Spermium, das bist du!

Sei dankbar, in dieser Zeit aufwachsen zu dürfen, mit ausreichend Nahrung und frischem Wasser. Sei dankbar für die unzähligen Möglichkeiten, die dir offenstehen - wo du lebst, wie du lebst, wen du liebst. Das ist nicht selbstverständlich, und das sollten wir uns alle öfter mal ins Gedächtnis rufen.

Jeder, der nicht überrascht ist,
wer er früher war,
hat zu wenig über sich gelernt.

Bist du mit deiner Nase unzufrieden? Oder mit deiner Stimme? Bist du nicht mit langen Beinen oder starken Armen gesegnet? Bist du mit deinem Job unzufrieden oder mit deinen Freundschaften? Bist du von dir enttäuscht, weil du nicht die Fähigkeiten und Talente besitzt, die du dir wünschen würdest? Deine Nase ist ein göttliches Geschenk, ohne das du kein Essen genießen könntest, weil dein Geruchssinn 80 % des Geschmackssinns ausmacht. Also möchtest du auf deine

Nase verzichten, oder freust du dich, eine zu besitzen? Deine Stimme ermöglicht es dir, deine Gedanken auszudrücken, um Hilfe zu bitten, anderen deine Liebe mitzuteilen, dich zu bedanken und auch Macht über andere auszuüben. Deine Stimme ist ein großartiges Geschenk, andere haben dieses Geschenk schon verloren. Deine Arme und Beine ermöglichen dir das Leben, das du gerade führst. Wo wärst du, wie wärst du, wenn du sie nicht hättest? Siehst du, was deine Arme und Beine alles für dich tun?

Jeder Beruf, jede Beziehung, ob freundschaftlich, beruflich oder in der Liebe - überall gibt es wunderschöne Aspekte, aber auch Themen, bei denen man nicht übereinstimmt. Möchtest du dich weiterhin auf das konzentrieren, was dich stört, oder den Fokus auf das lenken, was du an deinem Leben schätzt, was es dir gibt, was dir davon guttut? Du würdest an nichts festhalten, wenn es dir nicht auch nutzen würde. Je nach Bereich wirst du mit deinen Fähigkeiten sicher mal mehr und mal weniger glänzen als andere. Du wirst niemals der/die Beste, ABER eben auch niemals der/die Schlechteste sein. Du kannst viel. Du hast bereits viel gelernt. Du wirst noch viel lernen. Sei stolz auf dich - auf andere wärst du es auch.

Dankbarkeit ist der Weg zum Glück.

Wenn wir dankbar sind, sind wir im Hier und Jetzt, bei dem, was wir haben. Wir nehmen die Umstände an, geben uns keinen Zukunftsängsten hin oder hängen negativen Erinnerungen nach. Dankbar zu sein bedeutet, das zu schätzen, was man heute hat, ohne nach vorn oder nach hinten zu sehen.

Übung

Wofür bist du dankbar? Schreibe eine Liste mit 20 Dingen, für die du dankbar bist.

Diese Übung kannst du jederzeit machen - im Auto, wenn du im Stau stehst, vor dem Essen, in einer Pause beim Sport, beim Spielen mit dem Kind oder mit dem Partner abends im Bett. Frage dich, wofür du heute oder allgemein in deinem Leben dankbar bist. Dadurch wirst du dich ruhig fühlen, stark, klar, besonnen und natürlich äußerst glücklich. Zusätzlich wächst dein Selbstvertrauen.

Dankbarkeit nimmt Last und Schwere von den Schultern und lässt dich eine angenehme Leichtigkeit spüren. Dies beruhigt den inneren Kritiker, mindert die Bedeutung seiner kritisierenden Worte und gibt dir Hoffnung - mit einer Portion Selbstbewusstsein.

Eine Frau in Afrika muss acht Kilometer laufen, um zu sauberem Wasser zu kommen. Wir, in der zivilisierten westlichen Welt, würden einfach umziehen, wenn es dort kein Wasser gibt. Oder wir würden einen Lieferservice anrufen, der uns Wasser bringt. Absurd, wie gut es uns doch geht.

INGMAR STADELMANN

---

34. STÄRKE DICH MIT NEGATIVEN VERGLEICHEN

Dankbarkeit zu zeigen und das zu schätzen, was man hat, ist nicht immer leicht. Wir sehen natürlich immer das, was bei anderen schöner, besser und größer erscheint. Das Gras ist auf der anderen Seite immer grüner - denken wir. Die Wahrheit sieht oft anders aus. Denn keiner wird mit den eigenen Schwächen, Unzulänglichkeiten oder seinem Versagen angeben. Das behält jeder schön für sich.

Auch die persönlichen Lebensprüfungen sind andere. Manche haben ein Leben lang mit Krankheiten, Allergien oder Geburtsfehlern zu tun. Andere mussten vielleicht einen schweren Verlust verarbeiten. Der Nächste hatte mit Mobbing und Gewalt zu kämpfen, ein anderer mit Unterdrückung oder Manipulation. Wir wissen nicht, was den anderen das Leben schwer macht, wir wissen aber, was uns das Leben schwer macht - zumindest glauben wir, das zu wissen.

Ich versichere dir, dass kein Leben perfekt ist. Jeder musste Unsicherheit, Schwächen, Unglück, Ablehnung und unschöne Erlebnisse erfahren. Jeder hat seine persönlichen Lebensprüfungen, die es zu meistern gilt. Nur sehen wir das nicht. Wir sehen das, was uns fehlt.

Wir können jedoch gezielt unsere Schwächen, schlechten Eigenschaften und Unsicherheiten mit denen der Menschen vergleichen, die es noch schwerer haben.

Es gibt immer jemanden,
dem es noch schlechter geht.

Wenn du dich aufgrund deines Körpers schämst, vergleiche dich mit jemandem, der eine körperliche Behinderung hat, oder jemandem mit einer Pigmentstörung. Wenn du dich für zu schüchtern hältst, denke an eine Person, die noch unsicherer ist, und sieh den gewaltigen Fortschritt, den du bereits gemacht hast. Hältst du dich für dumm oder ungeschickt? Ich bin mir sicher, dir fallen Beispiele ein, bei denen Menschen in deinen Augen noch ungeschickter waren und sich nicht unbedingt intelligent verhalten haben.

Egal, weswegen du dich fertigmachst, weswegen dich dein innerer Kritiker angreift, du kannst ein Gegenstück finden – eine reale Person, der es noch schlechter geht, oder eine Situation, die noch schrecklicher wäre.

Eine Jugendliche, nennen wir sie Johanna, kam zu mir wegen ihrer Prüfungsangst und Selbstzweifel. Das Schlimmste, was sie sich vorstellen konnte, war, eine schlechte Note zu schreiben. Eine Eins oder Zwei war noch akzeptabel, alles andere hieße, sie habe versagt. »Was wäre schlimmer, als eine ›schlechte Note‹ zu schreiben?«, fragte ich Johanna. Wir fanden 18 Dinge, die noch schlimmer gewesen wären: ein Autounfall, das Gehör zu verlieren, Krebs zu bekommen, ein überflutetes Haus, Haarausfall, ein Terroranschlag, ein Familienmitglied zu verlieren, sich ein Bein zu brechen, die Schule abzubrechen, von einer Freundin belogen zu werden etc. Und schlagartig verliert die zuvor noch unerträgliche Situation die Schwere, da sie im Vergleich zu den Aufzählungen harmlos wirkt.

Übung

Was stört dich an dir?

Wem geht es hierbei noch schlechter?

Welche Situationen vermeidest du/fallen dir schwer?
Was sind deine Lebensprüfungen?

Welche Lebensprüfungen/Situationen wären noch schrecklicher?

35. SCHREIBE DIR EINEN BRIEF

Nachdem du nun zahlreiche Übungen gemacht hast, um dein Selbstbewusstsein zu stärken, deinen Selbstwert zu steigern und in Zukunft mehr Selbstvertrauen zu haben, folgt nun die letzte Übung.

Schreibe dir einen Brief. Schreibe dir einen Liebesbrief. Schreibe auf, worauf du stolz bist, was du bereits gut gemacht hast, wofür du dich liebst. Notiere, wofür du dankbar bist. Schreibe auf, was du noch alles erreichen, ausprobieren und sehen möchtest. Dies wird dir Antrieb geben, Motivation und Ausdauer. Diesen Brief öffnest du zu einem jetzt bewusst gewählten Zeitpunkt. Du kannst dir eine Erinnerung stellen für heute in einem Jahr oder heute in sechs Monaten. Du kannst ihn auch hervorholen, wenn es dir schlecht geht, du deinen Antrieb verloren hast, dich klein fühlst oder Motivation benötigst.

Du kannst dir auch jedes Jahr einen Brief schreiben und diesen am Jahresende feierlich öffnen und lesen. Ein Ritual nur für dich, weil du dich liebst, dich schätzt und dir etwas Gutes tun möchtest.

Allein das Aufschreiben und Ausformulieren macht dir die Worte bewusster, lässt sie dich ein Stück mehr glauben und annehmen. Du wirst auch feststellen, wie viel sich in der gefühlt schnell vergangenen Zeit getan hat. Du wirst viele Zeilen in dem Brief als selbstverständlich ansehen und dich fragen, warum es damals ein Thema für dich war. Du wirst bemerken, dass du viele Fortschritte gemacht hast, und Stolz empfinden. Es wird Bereiche geben, die du aus den Augen verloren hast, und dich daran erinnern. Bei manchen Textpassagen wirst du dir denken, dass du dich im Kreis drehst und noch nicht weitergekommen bist. Auch das ist okay und nur ein Zeichen dafür, dass du eine andere Strategie versuchen solltest. Eine Kommunikation mit seinem früheren Ich ist sehr spannend. Nicht nur bei der Übung »Der leere Stuhl« (siehe S. 70) kannst du in Kontakt mit deinem früheren Selbst treten, auch durch Briefe lernen wir uns selbst besser kennen, verstehen und lieben.

Alles, was Aufmerksamkeit bekommt,
wird wachsen.

Wenn du es dir nicht wert bist, mit dir zu sprechen und in Kontakt zu treten - warum sollten es andere tun?

Probiere es aus, und staune, welch positiven Gefühle du verspüren wirst und wie viele Erkenntnisse du durch einen Austausch mit dir selbst erlangen wirst.

5.

Fantasiereise: Ängste besiegen

Fantasiereisen sind gelenkte Tagträume, die Ruhe und Gelassenheit bewirken können, aber auch Energie, Motivation, Kraft und Stärke.

Fantasiereisen werden seit den 1950er-Jahren erfolgreich in Therapien eingesetzt. Mithilfe der Vorstellungskraft werden Bilder erzeugt, die dich Ängste besiegen und Herausforderungen meistern lassen. Von Kindern bis hin zu Erwachsenen - Fantasiereisen sind für Groß und Klein einsetzbar, hilfreich und wirksam.

Fantasiereisen können dir dabei helfen, dich deinen eigenen Ängsten zu stellen, Zukunftsvisionen und Lösungen zu entwickeln, den Umgang mit Verletzungen, Sorgen und Zweifeln zu üben und das Selbstvertrauen und den Selbstwert zu stärken. Die Bilder, die durch die eigene Vorstellungskraft erzeugt werden, machen dies möglich. Jedes Wort, jeder Satz der Fantasiereise löst Bilder aus, die wiederum Emotionen auslösen und dein Verhalten positiv beeinflussen können.

Fantasiereisen sind ein sehr gutes Instrument, um neue Denkweisen und Verhaltensmuster zu erlernen - und das spielerisch leicht, ohne zu sprechen.

Fantasiereisen können dich stark, mutig, unverwundbar, geliebt, geschätzt, wertvoll, motiviert, ruhig und gelassen fühlen lassen. Diese Fantasiereise habe ich konkret zur Angstüberwindung und Stärkung des Selbstvertrauens geschrieben. Du findest zahlreiche weitere Fantasiereisen im Internet, in Büchern - oder in deiner eigenen Fantasie.

Ein Bild sagt mehr
als tausend Worte.

Du kannst dir die Fantasiereise am Laptop, Mobiltelefon oder Kindle vorlesen lassen. Auch eine andere Person könnte es sehr freuen, diese Reise mit dir antreten zu dürfen. Ob du es selbst liest, jemand anderem vorliest oder dir nur anhörst - versuche, diese intensive Reise gedanklich zu erleben. Lasse die Bilder in deinem Kopf erscheinen, fühle, nimm wahr, lasse dich darauf ein.

DER ENDGEGNER (45 MINUTEN)

Mache es dir bequem – vielleicht möchtest du den Gürtel lösen oder die Schuhe ausziehen – wenn du sitzt, dann stelle deine Füße gerade vor dir auf den Boden – du fühlst die Unterlage, auf der du sitzt – du wirst getragen – wenn du liegst, erspüre die Punkte, mit denen du die Unterlage berührst – spüre in deine Füße hinein – wie fühlen sie sich an? – wandere nun mit deiner Aufmerksamkeit die Beine hinauf – über die Knöchel – die Unterschenkel – die Knie – löse die Spannung – deine Beine werden schwerer – und schwerer – wandere weiter hinauf über das Gesäß – weiter zum Bauch und Brustkorb – hier wird es ganz warm – eine angenehme Wärme breitet sich in deiner Brust aus – erfüllt deinen Bauch – deine Arme und Beine – löse die Spannung – deinen Rücken – löse die Spannung – deine Schultern, Hals und Kopf – so angenehm warm – gehe nun mit deiner Aufmerksamkeit zum Rücken – wie fühlt sich der Rumpf an? – löse die Spannung – dein Rumpf ist schwer und sinkt ein wenig tiefer – weiter über den Rücken zu den Schultern – versuche, deine Schultern entspannt hängen zu lassen – wandere mit deiner Aufmerksamkeit über den Nacken zum Kopf – versuche, deinen Nacken zu entspannen – zu deiner Stirn – versuche, deine Stirn zu entspannen – zu den Augenlidern – versuche, deine Augenlider entspannt hängen zu lassen – sie sind schwer und umhüllen sanft deine Augen – zur Nase – spüre den Atem, wie dieser durch die Nase hinein- und wieder hinausfließt – vielleicht bewegen sich bei jedem Ein- und Ausatmen leicht deine Nasenflügel – achte auf den Kiefer – löse die Spannung – vielleicht möchtest du den Mund leicht öffnen – du bist ruhig und entspannt – ruhig und entspannt. Du sinkst tiefer und tiefer – deine Glieder werden schwerer und schwerer – immer mehr löst sich die Spannung – dir geht es gut – dir geht es hier so gut. Nun spüre deinen Atem – achte, wie dein Brustkorb sich hebt und senkt – ein und aus – Entspannung kommt ganz von allein – alle Geräusche um dich herum – fließen an dir vorbei.

Es ist früh am Morgen an einem regnerischer Herbsttag.

Du öffnest das Fenster. Die Luft ist kühl und feucht, es riecht nach nassem Gras. Was hörst du?

Da spürst du, dass etwas Schweres in der Luft liegt – du weißt, dass heute ein besonderer Tag ist.

Verschlafen gehst du ins Badezimmer – putzt dir deine Zähne und siehst dich dabei im Spiegel an. Da liest du den Satz, den du dir gestern aufgeschrieben hast: Ich stelle mich meinen Ängsten. Du schluckst – du weißt nicht, ob du dazu bereit bist – stark genug – mutig genug bist. Du hast ein flaues Gefühl im Magen.

Der Regen prasselt an die Scheibe.

Du gehst zurück zu deinem Bett – möchtest dich wieder hinlegen – doch am Bett liegt ein kleines Päckchen. Was ist da wohl drin? Neugierig packst du es aus.

Darin ist ein Zettel, auf dem geschrieben steht: Heute stellst du dich deinen Ängsten. Heute ist der Tag, an dem du deine Selbstzweifel besiegst. Glaube an dich, dann wirst du es schaffen.

In der Ecke des Päckchens ist ein Marienkäfer. Wie schön, die bringen Glück.

Einen kurzen Moment später fliegt er weg – durch das Fenster – auf die Wiese. Du hast das Bedürfnis, dem Käfer zu folgen.

Regentropfen fallen auf dein Gesicht herab. Wo ist er hin? Da ist er. Und da sind sogar noch mehr. Aufgeregt flattern sie herum – immer um dieselbe Stelle. Du bemerkst, dass diese Stelle der Wiese kahler ist als ringsum. Du entdeckst etwas Glitzerndes – bronzenes Metall – ein Ring. Du ziehst daran – eine Luke öffnet sich – darunter Finsternis.

Heute stelle ich mich meinen Ängsten – sagst du dir und fühlst dich dabei klar und stark – ich kann es schaffen. Mit einem Ruck springst du in die Finsternis – in die absolute Dunkelheit.

Du fliegst – komplett schwerelos – der Wind zieht an dir vorbei – du fliegst, vollkommen im Vertrauen lässt du dich fallen – fliegst weiter und du landest – weich. Du hattest Vertrauen, dass alles gut wird – Freiheit beginnt damit, sich fallen zu lassen, um dann festzustellen, dass man wieder auf beiden Füßen landen wird.

Fester Boden unter den Füßen – Halt. Alles ist gut, dir geht es gut. Du hast dich der ersten Angst gestellt. Weiter so! Nichts ist passiert. Wenn du an dich glaubst, kannst du alles schaffen.

Es ist stockfinster – du kannst nichts sehen. Vertraue auf deine Sinne. Spüre die Wände der Höhle – den warmen Stein. Es wird Lösungen geben. Es wird besser und leichter werden - immer. Nimm den erdigen Geruch wahr. Lasse alles da sein.

Du sehnst dich nach Licht. Wenn du daran glaubst, kannst du alles schaffen. Nutze deine Macht der Gedanken, erschaffe Licht – erhelle den Raum – jetzt.

Geschafft. Sieh dich um. Du bist in einer Höhle. Die Wände sind aus hellem Stein und Erde. Am Ende der Höhle siehst du ein Tor. Geh hin!

Öffne es. Mit einem Knarren bewegt sich die Türe – dahinter ein Raum mit vielen Menschen – ein wahres Gewusel an Menschen – so viele auf kleinem Raum. Was ist hier meine Aufgabe?

In der Mitte des Raumes hängt eine Leiter von der Decke herab – jedoch bist du zu klein, du würdest nicht an die Decke herankommen. Du drehst dich um, zu der Türe, aus der du gekommen bist. Sie ist weg – wie von Zauberhand verschwunden. Der wohl einzige Ausgang aus diesem Raum ist die Leiter, die du nicht erreichen kannst.

Du kennst das Gefühl, dass etwas unerreichbar weit weg ist. Und doch hast du ausreichend Beweise gesammelt, dass das Unerreichbare näher kommen kann, möglich werden kann, besiegbar und real. Was hat sich so weit weg angefühlt und wurde dann doch einfach und greifbar?

Du tippst einem Mann auf die Schulter – können Sie mir helfen, ich muss zu dieser Leiter. Nein – antwortet der Mann grimmig und dreht sich um. Auch der nächste ist unfreundlich und weist dich zurück. Und noch einer – und noch einer. Keiner will dir helfen. Alle weisen dich zurück. Deine nächste Angst. Zurückweisung. Wie fühlt sich das an? Wo in deinem Körper fühlst du es?

Lass es da sein – mach weiter. Du stellst dich deiner Angst – nichts kann dich aufhalten – du glaubst daran, alles wird gut werden, du musst nur daran glauben – und weitermachen – nicht unterkriegen lassen – der Angst stellen. Suche weiter nach LÖSUNGEN. Am Ende fragt dich niemand, wie lange du für etwas gebraucht hast, wie viele Anläufe nötig waren.

Du fragst die nächste Person im Raum und noch eine und noch eine – Nein – Nein – Nein – und abermals Nein. Du verlierst deinen Mut nicht. Sammle dich – sammle deine innere Kraft und Stärke – weitermachen – nicht aufgeben – alles wird gut – glaube daran. Es werden sich Möglichkeiten ergeben, solange du danach suchst.

Noch nie hast du so viele „Neins" nacheinander gehört und bekommen – es tut aber nicht weh – dir geht es gut – alles okay – Hände und Beine noch dran – alles gut – du lebst – Zurückweisung tut nicht weh. Da fragst du dich, worüber du dich überhaupt sorgst – was kann schon passieren? Was ist das Schlimmste, was passieren kann? Du bekommst ein Nein. Ist das schlimm? Nein. Du hast schon ein paar bekommen – nicht schlimm. Voller Motivation fragst du weiter und weiter. Irgendjemand wird dir helfen können – und wollen.

Da siehst du am Ende des Raumes ein kleines Mädchen, das in der Ecke sitzt und nicht aufgebracht herumläuft – kannst du mir helfen? – fragst du das Mädchen. Natürlich – antwortet das Mädchen. Endlich – man muss nur weitersuchen – weiterfragen – sich trauen – wagen – dann kommt die Lösung – du hast es gewusst.

Warum laufen die Menschen hier alle herum und sind unfreundlich? Sie haben Angst – antwortet das Mädchen – Angst, Fehler zu machen, Angst, nicht gut genug zu sein – daher gehen sie auf Distanz, halten Abstand. Sie sind zu beschäftigt mit sich, mit all ihren Themen, mit all ihren selbst kreierten Unzulänglichkeiten, zu sehr darauf bedacht, keine Fehler zu machen und keine Schwäche zu zeigen, lenken sich ab und haben Angst, verletzt zu werden.

Warum hast du, kleines Mädchen, keine Angst? – Ich weiß, dass ich noch lerne und immer lernen werde. Ich weiß, dass die Menschen nicht grundlos böse sind, sondern immer gute Gründe haben, die ich nicht immer verstehen muss, um diese akzeptieren zu können. Jeder gibt sein Bestes, und auch wenn man nichts geben kann, ist das alles, was zurzeit möglich ist. Jeder versucht doch nur, sein Leben zu leben und es sich irgendwie schön und leicht zu machen, auch wenn nicht alle Strategien zielführend sind. Man trifft gute und schlechte Entscheidungen, beides ist okay. Ich bin neugierig auf die Welt und offen für all das, was sich mir bieten wird. Ich sehe das Gute im Menschen und in der Welt. Ich sehe Möglichkeiten und Chancen.

Außerdem weiß ich, dass ich Fehler mache, aber keiner bin. Ich bin kein Fehler, nur weil ich Fehler mache.

Ich muss nicht perfekt sein, um okay zu sein. Ich darf einfach da sein und muss nichts leisten, um mir meinen Wert zu bestätigen, wie diese pflichtbewussten, gehetzten Menschen in diesem Raum.

Da setzt du dich zu dem Mädchen und bist einfach da. Sieh durch ihre kindlichen, neugierigen Augen, wie sie die Welt sieht.

Wie leicht und unbeschwert es doch sein kann. Wie wenig man leisten muss, um glücklich zu sein. Ruhe dich aus. Sieh dich um und staune, wie viele Menschen doch herumlaufen, suchend, nach Problemen, nach Fehlern, und zeitgleich nur nach Bestätigung, Liebe und Leichtigkeit strebend. Immer auf der Suche, sodass sie vergessen, am Weg dorthin, am Herumlaufen und der Bewegung, der Veränderung, dem Beschreiten des Lebensweges, Spaß zu haben.

Wo wärst du in diesem Haufen? Wie würde man dich erkennen?

Betrachte dich selbst, sieh dir von außen zu.

Was fällt dir auf?

Was würde dir guttun? Geh zu dir und gib dir die Unterstützung, die Worte, die Hilfsbereitschaft, die dir guttun würden.

Und plötzlich – als du dich entspannst, es dir gut gehen lässt, dich akzeptierst und zugleich alles da sein lässt – verändert es auch die anderen. Die Akzeptanz und Wertschätzung für dich gestattet es dir, sie einer anderen Person zu geben. Du darfst sein, wie du bist, die anderen dürfen sein, wie sie sind - der Widerstand, die Anstrengung, anders sein zu müssen und andere verändern zu wollen, ist weg. Ich darf so sein, wie ich bin, die anderen dürfen es auch. Wir alle wollen nur, dass es uns gut geht.

Du machst einer Person ein Kompliment. Die Person lächelt, bleibt stehen, bedankt sich und gibt einer anderen Person ein nettes Lächeln und freundliche Worte. Die nächste wird angesteckt - wie eine freundliche Glitzerwolke, die sich wie ein Virus im Raum verbreitet und alle nacheinander ansteckt.

So geht es weiter, bis auf einmal alle freundlich miteinander plaudern und sich selbst sein lassen.

Was für ein schönes Bild.

Und da sich die Menschen nun gegenseitig etwas geben, ohne etwas zu erwarten, erhellt sich der Raum - sie geben gerne, weil es ihnen gut geht, weil sie gerade geben können und genügend Liebe in sich tragen, um einen Teil davon abgeben zu können. Weil sie das Gefühl haben, okay zu sein, wie sie sind, und auch nicht für mögliche Fehler bestraft zu werden, funktioniert es.

Kann mir jemand helfen, auf die Leiter zu kommen?

Da versammeln sich die Menschen und bilden einen wilden Haufen - umarmen sich, stellen sich aufeinander, machen eine Räuberleiter und bereiten einen sicheren Turm aus Nächstenliebe und Herzenswärme, der dich die Leiter hinaufklettern lässt.

Am Ende der Leiter befindet sich ein schmaler Gang. Am Ende des Ganges siehst du helles Licht – es muss wohl der Ausgang sein. Du steckst deinen Kopf hindurch, in das gleißende Licht. Auf allen vieren kriechst du nun zur Gänze heraus.

Sand – du spürst Sand zwischen deinen Fingern. Du stehst auf – streichst dir den Sand von deiner Kleidung und siehst dich um. Eine Arena.

So viele Menschen auf der Tribüne – alle schreien – jubeln. Das ist wohl das Finale – der finale Kampf gegen deine Angst. Die Angst zu versagen – zu verlieren – Schwäche zu zeigen – ausgelacht zu werden – bewertet zu werden. Doch wer ist dein Gegner?

Da betritt ein großer Löwe die Arena – stapft durch den Sand auf dich zu – die Menge tobt. Dein Gegner. Die Angst steigt in dir hoch – lähmt dich – deinen Körper – du hast einen Kloß im Hals – zitterst – dein Puls rast. Du kennst die Angst sehr gut. Lange hat sie dich auf deinem Weg begleitet, immer zur Stelle, um dich vor jeglichen Bedrohungen zu schützen.

Danke, liebe Angst, dass du da bist, meine Sinne schärfst, mich mit maximaler Energie versorgst. Danke, dass du immer für mich da warst und auch immer für mich da sein wirst. Danke, dass du auf mich schaust, dich um mich sorgst - noch nie hatte ich so einen guten Freund und Berater, der jederzeit für mich da ist und mich so sehr schützen möchte. Lasse die Angst da sein, stoße sie nicht weg. Verbinde dich mit ihr - kämpfe mit deiner Angst gemeinsam, nicht gegen sie. Und so verbündest du dich mit dem Gefühl der Angst. Ihr seid ein starkes Team, ein besorgter, starker Freund, der immer an deiner Seite war und dir den besten, sichersten Weg bereiten wollte.

Du vertraust dir. Du vertraust auf ein Happy End, auf eine schöne Zukunft, auf Lösungswege und Erfolge. Du vertraust dir, deinem Körper, deinem Willen, deiner starken Würdigung und Liebe für dich und andere, die auch den Löwen zähmen wird. Freunde dich mit ihm an. Er muss kein Feind sein, er kann auch dein Freund sein. Du gehst auf den Löwen zu.

In dem Moment bemerkst du, dass der Löwe deine Augen hat. Du siehst in deine verständnisvollen Augen und bemerkst, dass du der Löwe bist. Der Kampf, den du führen sollst, ist der Kampf gegen dich.

Da beginnst du zu wachsen – wirst größer und größer – bekommst Fell – eine gewaltige Mähne wie der Löwe – Reißzähne, wie es für einen Löwen gebührt.

Da steht ihr euch gegenüber. Du stehst dir selbst gegenüber. Der starken, furchtlosen Version von dir, die so gefährlich und böse wirken kann und in Wirklichkeit doch so sanft wie eine Katze ist, die gestreichelt, gefüttert und lieb gehabt werden möchte.

Es ist dein Spiegelbild. Sieh dich an. Was siehst du? Was fühlst du?

Was möchte dir dein Spiegelbild sagen?

Dein einziger Gegner, den es zu besiegen gilt, bist du.

Es sind deine Anteile in dir, deine guten Berater. Es ist deine Angst, dein Scham, deine Traurigkeit und auch dein Mut, deine Zuversicht und Freude. Alles ist in dir, alles sind wichtige Stimmen, die dir verschiedene Perspektiven aufzeigen und dich bestmöglich beraten. Deine Berater, deine kritische Stimme, deine verständnisvolle Seite, aber auch dein lustiger oder besorgter Anteil sind deine Superhelden, die alles möglich machen, was du für ein glückliches, zufriedenes Leben brauchst. Mit Rat und Tat stehen sie dir zur Seite, stets bemüht, dass es dir gut geht.

Die ganze Zeit hast du nur gegen dich gekämpft – gegen deine Angst.

Der einzige Gegner in deinem Leben bist du – dein einziger Konkurrent, der zählt – mit dem du dich vergleichen solltest – bist du. Du kämpfst immer nur gegen dich – nicht gegen andere. Du bist dein Endgegner.

So viel hast du schon geschafft - rückblickend von Anbeginn deines Lebensweges bis heute ging es doch steil bergauf -, so viele Berge und Täler überwunden, so viele Herausforderungen gemeistert, gelernt, gestärkt, gewonnen, verloren - das Spiel des Lebens.

Wann hast du das letzte Mal auf deine Erfolge zurückgeblickt?

Wann hast du dich das letzte Mal gelobt?

Es wird höchste Zeit dafür, dich mal bei dir zu bedanken - für all das, was du auf dich genommen und geschafft hast.

Alles darf da sein. Es ist okay. Es darf gewürdigt und geachtet werden. Es darf anstrengend sein und zugleich leichter werden.

Bedanke dich bei deiner Angst. Bedanke dich bei deinen Zweifeln, die sich um dich und dein Wohlergehen sorgen. Bedanke dich für den Mut, den du immer wieder kreiert hast und der dich weitergehen lassen hat. Sei stolz auf dich.

Alles darf da sein. Es ist okay.

Du bist okay.

Begib dich nun auf deine Heimreise – von der sandigen Arena in das Hier und Jetzt – Das Gefühl von Stärke, Liebe und Zuversicht wird dich nun auf deiner Heimreise begleiten – fühle dieses Gefühl der Erleichterung – fühle die angenehme Schwere deiner Glieder – die Entspannung und Wärme –kehre in Gedanken zurück in diese Welt – verabschiede dich. Beobachte deinen Atem – spüre ihn – das Heben und Senken des Brustkorbes – ein und aus. Fühle deine Füße – deine Fußsohlen – deine Zehen – bewege sie – fühle deine Arme – balle leicht deine Fäuste – gibt etwas Kraft hinein – bewege deine Füße – atme ganz tief ein und aus – strecke deine Arme und Beine – rekle dich – öffne nun die Augen, atme nochmals tief durch – du bist vollkommen zurück in der wachen Welt.

Du weißt nun, wie Selbstzweifel entstehen und auch, wie sich Selbstvertrauen und Selbstbewusstsein entwickeln. Zahlreiche Übungen helfen dir auf diesem Weg. Ich hoffe, die Übungen für mehr Selbstvertrauen und Selbstbewusstsein haben dir geholfen, dich annehmen zu können, zu lieben, zu schätzen und Selbstzweifel über Bord zu werfen.

Noch mehr interessante Inhalte zu den Themen sich selbst besser kennenlernen und verstehen, stressfrei leben, Ängste überwinden, Selbstvertrauen gewinnen, Selbstliebe üben und glücklich leben findest du auf meiner Website www.sabrina-fleisch.at.

Ich wünsche dir viel Erfolg beim Umsetzen und dabei, zu mehr Selbstbewusstsein und Selbstvertrauen zu finden!

Alles Liebe, Sabrina

DANKE SCHÖN!

6.

Quellen

S. 41 ff.: Informationen zu der Temperamentenlehre:
https://de.wikipedia.org/wiki/Temperamentenlehre
https://www.keirsey.com/

S. 171: »Manche Menschen wollen nur die Version von dir, über die sie die meiste Macht haben können.«
Zitat gefunden bei: Manuela Wimmer - Lebenspädagogik
https://www.facebook.com/lebenspaedagogik/posts/4737586676285577 (aufgerufen am 23.08.22)

S. 175: »Vergib dir für die Dinge, die du nicht wusstest, bevor du sie gelernt hast.« - Zitat stammt von der amerikanischen Schriftstellerin und Bürgerrechtlerin Maya Angelou.

S.225: Informationen zu Naturheilverfahren
https://www.naturheilkunde.de/naturheilverfahren/akupressur.html (aufgerufen am 19.08.22)